全国基层干部学习培训教材

QUANGUO JICENG GANBU XUEXI PEIXUN JIAOCAI

乡村振兴政策法规解读

全国干部培训教材编审指导委员会办公室组织编写

中国农业出版社

党建读物出版社

出版说明

习近平总书记一直高度重视基层基础工作，他反复强调，基础不牢、地动山摇；基层强则国家强、基层安则天下安。习近平总书记指出，乡村振兴是实现中华民族伟大复兴的一项重大任务，要把解决"三农"问题作为全党工作重中之重；推进国家治理体系和治理能力现代化，社区治理只能加强、不能削弱。习近平总书记要求，要重视和加强基层干部队伍建设，帮助他们深入改进作风、提高能力素质，把基层党组织建设强、把基层政权巩固好。

为深入学习贯彻习近平总书记关于加强基层基础工作、提高基层治理能力等重要指示精神，贯彻落实党中央关于全面推进乡村振兴、健全党组织领导的城乡基层治理体系的决策部署，提高城市和农村基层干部能力和素质，中央组织部组织有关单位聚焦乡村振兴、城市基层治理培训主题，编写了全国基层干部学习培训教材，供各地区各部门和干部教育培训机构以及广大基层干部学习使用。

这批培训教材按照"政策解读、案例示范、实操练习"的总体框架，展示了在习近平新时代中国特色社会主义思想指引下全面推进乡村振兴和城市基层治理的实践成果，是基层干部学习的鲜活宝库和范例。组织基层干部深入学习这批教材，有利于深化基层干部对乡村振兴和城市基层治理重大意义、丰富内涵、生动实践的理解，提高基层干部全面推进乡村振兴、推进基层治理现代化的能力。

全国干部培训教材

编审指导委员会办公室

2021 年 11 月

目　录

综合篇

产业兴旺篇

生态宜居篇

乡风文明篇

治理有效篇

生活富裕篇

组织领导篇

综合篇

1. 实施乡村振兴战略的重大意义是什么?

实施乡村振兴战略,是以习近平同志为核心的党中央着眼党和国家事业全局、顺应亿万农民对美好生活的向往,作出的重大战略决策。2017年10月,党的十九大提出实施乡村振兴战略,并作为七大战略之一写入党章。2017年年底,习近平总书记在中央农村工作会议上,深刻阐述了实施乡村振兴战略的重大问题,对走中国特色社会主义乡村振兴道路作出全面部署。2020年中央农村工作会议上,习近平总书记明确指出,"从中华民族伟大复兴战略全局看,民族要复兴,乡村必振兴"。这个重大论断,第一次把乡村振兴与中华民族伟大复兴的中国梦直接联系起来,指明了乡村振兴在中华民族伟大复兴进程中的特殊重要地位,明确了解决"三农"问题国之大者的战略考量,把我们党对"三农"工作重要性的认识又提升到一个新高度,为我们更好把握新阶段"三农"工作的历史方位,指明了方向、提供了遵循。

我们党始终高度重视、认真对待、着力解决"三农"问题。我们党从成立以后,就充分认识到中国革命的基本问题是农民问题,并在实践中走出土地革命、农村包围城市这一符合中国实际的革命道路,带领亿万农民打土豪、分田地,最终取得新民主主义革命胜利。新中国成立后,我们党组织农民重整山河、发展生产,依靠农业农村支持,在一穷二白的基础上,建立起比较完整的工业体系和国民经济体系。改革开放以来,我们党领导农民率先拉开了改革序幕,不断解放和发展农村社会生产力,激活农村劳动力、土地、资金等生产要素,快速推进工业化、城镇化,实现了由温饱不足向全面小康迈进的历史性跨越。特别是党的十八大以来，以习近平同志为核心的党中央坚持把解决好"三农"问题作为全党工作的重中之重，举全党全社会之力打赢脱贫攻坚战，启动实施乡村振兴战略，推动农业农村取得历史性成就、发生历史性变革，农业综合生产能力上了大台阶，农村民生显著改善，乡村面貌焕然一新，亿万农民昂首迈入全面小康社会，为开启全面建设社会主义现代化国家新征程奠定了坚实基础。

打赢脱贫攻坚战后，"三农"工作历史性地转向全面推进乡村振兴。习近平总书记指出，全面实施乡村振兴战略的深度、广度、难度都不亚于脱贫攻坚。这个重大论断，充分指明全面推进乡村振兴的复杂性、艰巨性、紧迫性。在深度上，脱贫攻坚主要解决农村贫困人口"两不愁三保障"问题，全面实施乡村振兴战略则是着眼解决发展不平衡不充分问题，全方位改善提高乡村发展条件和发展能力，促进农业高质高效、乡村宜居宜业、农民富裕富足。在广度上，脱贫攻坚集中解决现行标准下农村贫困人口脱贫、贫困县摘帽问题，工作重点是中西部贫困地区特别是深度贫困地区、近1亿建档立卡贫困人口。全面实施乡村振兴战略要求东中西部全面推进，立足农业农村现代化总目标，推进乡村产业、人才、文化、生态、组织等全面振兴，着力让广大农民群众共享现代化成果，过上更加美好的生活。在难度上，脱贫攻坚主要是瞄准2020年这个时间节点，咬定既定目标，打攻坚战、歼灭战。全面实施乡村振兴战略需围绕产业兴旺、生态宜居、乡风文明、治理有效、生活富裕的总要求着力缩小城乡差距，力争用3个五年规划让农业农村在现代化进程中不掉队、逐步赶上来。

"十四五"时期，是乘势而上开启全面建设社会主义现代化国家新征程、向第二个百年奋斗目标进军的第一个五年。全面建设社会主义现代化国家，实现中华民族伟大复兴，最艰巨最繁重的任务依然在农村，最广泛最深厚的基础依然在农村。解决好发展不平衡不充分问题，重点难点在"三农"，迫切需要补齐农业农村短板弱项，推动城乡协调发展；构建新发展格局，潜力后劲在"三农"，迫切需要扩大农村需求，畅通城乡经济循环；应对国内外各种风险挑战，基础支撑在"三农"，迫切需要稳住农业基本盘，守好"三农"基础。因此，新发展阶段"三农"工作依然极端重要，须臾不可放松，务必抓紧抓实。要坚持把解决好"三农"问题作为全党工作重中之重，把全面推进乡村振兴作为实现中华民族伟大复兴的一项重大任务，举全党全社会之力加快农业农村现代化，让广大农民过上更加美好的生活。

2.《乡村振兴促进法》的主要内容有哪些？

《中华人民共和国乡村振兴促进法》（以下简称《乡村振兴促进法》）已于2021年4月29日经第十三届全国人大常委会第二十八次会议审议通过，与2018年中央1号文件、《乡村振兴战略规划（2018—2022年）》（以下简称《规划》）、《中国共产党农村工作条例》等共同构建了实施乡村振兴战略的"四梁八柱"，强化了走中国特色社会主义乡村振兴道路的顶层设计，夯实了良法善治的制度基石。《乡村振兴促进法》是"三农"领域一部固根本、稳预期、利长远的基础性、综合性法律，对于促进乡村产业振兴、人才振兴、文化振兴、生态振兴、组织振兴和推进城乡融合发展，具有重要的里程碑意义。

《乡村振兴促进法》共 10 章 74 条。主要内容包括：一是总则。规定了乡村的定义和全面实施乡村振兴战略的原则，即坚持党对农村工作的全面领导，确保党在农村工作中总揽全局、协调各方，保证农村改革发展沿着正确的方向前进；坚持以人民为中心，尊重农民主体地位和首创精神，切实保障农民物质利益和民主权利，把农民拥护不拥护、支持不支持作为制定党的农村政策的依据；坚持巩固和完善农村基本经营制度，夯实党的农村政策基石；坚持走中国特色社会主义乡村振兴道路，推进乡村产业振兴、人才振兴、文化振兴、生态振兴、组织振兴；坚持教育引导农民听党话、感党恩、跟党走，把农民群众紧紧团结在党的周围，筑牢党在农村的执政基础；坚持一切从实际出发，分类指导、循序渐进，不搞强迫命令、不刮风、不一刀切。明确每年农历秋分日为中国农民丰收节。二是产业发展。以乡村优势特色资源为依托，支持、促进农村一二三产业融合发展，培育新产业、新业态、新模式和新型农业经营主体，促进小农户和现代农业发展有机衔接。三是人才支撑。国家健全乡村人才工作体制机制，采取措施鼓励和支持社会各方面提供教育培训、技术支持、创业指导等服务，培养本土人才，引导城市人才下乡，推动专业人才服务乡村，促进农业农村人才队伍建设。四是文化繁荣。组织开展新时代文明实践活动，加强农村精神文明建设，推进移风易俗，培育文明乡风、良好家风、淳朴民风，建设文明乡村，不断提高乡村社会文明程度。五是生态保护。健全重要生态系统保护制度和生态保护补偿机制，实施重要生态系统保护和修复工程，加强乡村生态保护和环境治理，绿化美化乡村环境，建设美丽乡村。六是组织建设。建立健全党委领导、政府负责、民主协商、社会协同、公众参与、法治保障、科技支撑的现代乡村社会治理体制和自治、法治、德治相结合的乡村社会治理体系，建设充满活力、和谐有序的善治乡村。七是城乡融合。协同推进乡村振兴战略和新型城镇化战略的实施，优化城乡产业发展、基础设施、公共服务设施等布局，逐步健全全民覆盖、普惠共享、城乡一体的基本公共服务体系，加快县域城乡融合发展。八是扶持措施。国家建立健全农业支持保护体系和实施乡村振兴战略财政投入保障制度。县级以上人民政府应当优先保障用于乡村振兴的财政投入，确保投入力度不断增强、总量持续增加、与乡村振兴目标任务相适应。九是监督检查。实行乡村振兴战略实施目标责任制和考核评价制度。上级人民政府应当对下级人民政府实施乡村振兴战略的目标完成情况等进行考核，考核结果作为地方人民政府及其负责人综合考核评价的重要内容。十是附则。明确本法自 2021 年 6 月 1 日起施行。

3.《乡村振兴战略规划（2018—2022 年）》明确的发展目标是什么？

2018 年 9 月，党中央、国务院印发了《乡村振兴战略规划（2018—2022 年）》（以下简称《规划》），提出了 22 个主要指标和 7 方面 59 项重点任务，部署了 82 项重大工程、重大计划、重大行动，描绘了乡村振兴的发展蓝图。《规划》提出，按照到 2020 年实现全面建成小康社会和分两个阶段实现第二个百年奋斗目标的战略部署，2018 年到 2022 年这 5 年间，既要在农村实现全面小康，又要为基本实现农业农村现代化开好局、起好步、打好基础。

《规划》明确了乡村振兴到 2022 年的发展目标。即 2020 年，乡村振兴的制度框架和政策体系基本形成，各地区各部门乡村振兴的思路举措得以确立，全面建成小康社会的目标如期实现。到2022年，乡村振兴的制度框架和政策体系初步健全。国家粮食安全保障水平进一步提高，现代农业体系初步构建，农业绿色发展全面推进；农村一二三产业融合发展格局初步形成，乡村产业加快发展，农民收入水平进一步提高，脱贫攻坚成果得到进一步巩固；农村基础设施条件持续改善，城乡统一的社会保障制度体系基本建立；农村人居环境显著改善，生态宜居的美丽乡村建设扎实推进；城乡融合发展体制机制初步确立，农村基本公共服务水平进一步提升；乡村优秀传统文化得以传承和发展，农民精神文化生活需求基本得到满足；以党组织为核心的农村基层组织建设明显加强，乡村治理能力进一步提升，现代乡村治理体系初步构建，探索形成一批各具特色的乡村振兴模式和经验，乡村振兴取得阶段性成果。

《规划》还对乡村振兴的远景目标作了谋划。即到2035年，乡村振兴取得决定性进展，农业农村现代化基本实现。农业结构得到根本性改善，农民就业质量显著提高，相对贫困进一步缓解，共同富裕迈出坚实步伐；城乡基本公共服务均等化基本实现，城乡融合发展体制机制更加完善；乡风文明达到新高度，乡村治理体系更加完善；农村生态环境根本好转，生态宜居的美丽乡村基本实现。到2050年，乡村全面振兴，农业强、农村美、农民富全面实现。

4. 如何理解全面推进乡村振兴是"三农"工作重心的历史性转移？

习近平总书记在2020年中央农村工作会议上强调，脱贫攻坚取得胜利后，要全面推进乡村振兴，这是"三农"工作重心的历史性转移。这一重要论断，立足中国国情农情和发展阶段特征，坚持用大历史观来全面看待和深刻理解"三农"问题，为做好新发展阶段"三农"工作指明了前进方向、提供了根本遵循。

党的十八大以来，以习近平同志为核心的党中央把脱贫攻坚作为全面建成小康社会的标志性工程，组织推进了人类历史上规模空前、力度最大、惠及人口最多的一场脱贫攻坚战。经过8年持续奋斗，如期完成了新时代脱贫攻坚目标任务，取得了举世瞩目的历史性成就。脱贫摘帽后，下一步怎么办？这是新的历史起点上的一道重要考题。"三农"问题是关系全局的根本性问题，打赢脱贫攻坚战只是解决了农村绝对贫困问题，我国最大的发展不平衡是城乡发展不平衡、最大的发展不充分是农村发展不充分的局面仍未根本改变，全面建设社会主义现代化国家最艰巨最繁重的任务依然在农村。2020年4月，习近平总书记在陕西考察时指出，脱贫摘帽不是终点，而是新生活、新奋斗的起点。接下来要做好乡村振兴这篇大文章，推动乡村产业、人才、文化、生态、组织等全面振兴。总书记的重要指示，深刻指明了脱贫攻坚后农业农村工作抓什么、怎么抓的重大问题。

在向第二个百年奋斗目标迈进的历史关口，要牢牢把握"三农"工作重心的历史性转移，充分认识新发展阶段做好"三农"工作的重要性和紧迫性，始终坚持把解决好"三农"问题作为全党工作的重中之重，把振兴乡村作为实现中华民族伟大复兴的一个重大任务，以更大的决心、更明确的目标、更有力的举措，书写好中华民族伟大复兴的"三农"篇章。一方面，对摆脱贫困的县从脱贫之日起设立5年的过渡期，保持现有主要帮扶政策总体稳定，做好防止返贫的动态监测和帮扶。在西部地区确定一批国家乡村振兴重点帮扶县，从财政、金融、土地、人才、基础设施、公共服务等方面集中予以支持，以乡村振兴完成脱贫攻坚"续篇"。另一方面，有序推进脱贫攻坚政策优化调整，推动工作体系平稳转型。在保持主要帮扶政策总体稳定基础上，逐项推进政策分类优化调整，合理把握调整节奏、力度和时限，做好同乡村振兴在领导体制、工作体系、发展规划、政策举措、考核机制等方面的有效衔接，逐步实现从集中资源支持脱贫攻坚向全面推进乡村振兴平稳过渡。

5. 乡村振兴在构建新发展格局中将发挥什么样的作用？

党的十九届五中全会明确提出，要加快构建以国内大循环为主体、国内国际双循环相互促进的新发展格局。这是以习近平同志为核心的党中央根据我国新发展阶段、新历史任务、新环境条件作出的重大战略决策。构建新发展格局，把战略基点放在扩大内需上，农村有巨大空间，可以大有作为。全面推进乡村振兴，加快农业农村现代化，将补上农村基础设施和公共服务短板，打通城乡经济循环的堵点卡点痛点，释放农村巨量的消费和投资潜力，培育形成城乡完整内需体系，进而畅通整个国内大循环，是重要着力点之一。做好新发展阶段"三农"工作，要坚持"振兴畅循环"这个总定位，全面推进乡村振兴，为畅通国内循环、确保国内国际两个循环相互促进提供强大支撑。

一是兴产业。只有产业兴旺了，乡村才能留得住人，才能吸引更多的资源要素流向农村，实现城乡间人、物、资金等双向顺畅流动，城乡经济才能循环起来。要大力发展各具特色的富民乡村产业，健全现代乡村产业体系，加快推进乡村产业振兴。重点是做好纵向融合和横向融合两篇文章。纵向融合重在打造农业全产业链，推动种养业向前后端延伸、向上下游拓展，由卖"原字号"农产品向卖高附加值品牌产品转变，推动产品增值、产业增效。横向融合重在开发农业多种功能，促进农业与休闲、康养、文化、养老等产业深度融合，丰富乡村经济业态，拓展农民增收空间。

二是兴建设。农村基础设施建设滞后是城乡差距最直观的体现。差距也意味着潜力，乡村建设方面有着巨量的投资需求。要把潜在需求转变为有效投资，关键是实施乡村建设行动，把基础设施建设的重点放在农村，充分释放乡村投资潜力，带动建材、电子、机械、工程等行业加快发展，以投资促进双循环畅通。要统筹县域城镇和村庄规划，加强农村水电路气房讯等基础设施建设，实施好农村人居环境整治提升五年行动。重点支持通组路和村内主干道硬化，加强资源路、产业路、旅游路以及农产品仓储保鲜冷链物流基础设施建设，把这些既方便生活又促进生产的设施建设好，力争通过5—10年努力，让乡村面貌有一个大的变化。

三是兴消费。当前，农民消费能力还不强、农村消费环境还不完善，要从收入、流通等多方面多环节发力，激活农村消费。巩固拓展脱贫攻坚成果，健全乡村产业带农富农机制，促进小农户和现代农业发展有机衔接，多渠道增加农民收入，让农民敢消费。改善农村消费环境，大力提升电商、物流进农村水平，完善农产品供应链和流通体系，推动农村产品服务品牌化、标准化、数字化、产业化，提高流通效率和现代化水平，降低农村消费成本，让农民能消费。推动公共资源在县域内优化配置，强化县城综合服务能力，把乡镇建设成为服务农民的区域中心，在中心村一体建设便利店、邮政快递、物流配送、体育文化、公共活动等场所，让农民愿消费，真正把农村消费提振起来。

6. 什么是中国特色社会主义乡村振兴道路？

习近平总书记在 2017 年中央农村工作会议上指出，要坚持把解决好"三农"问题作为全党工作重中之重，坚持农业农村优先发展，按照产业兴旺、生态宜居、乡风文明、治理有效、生活富裕的总要求，建立健全城乡融合发展体制机制和政策体系，统筹推进农村经济建设、政治建设、文化建设、社会建设、生态文明建设和党的建设，加快推进乡村治理体系和治理能力现代化，加快推进农业农村现代化，走中国特色社会主义乡村振兴道路，让农业成为有奔头的产业，让农民成为有吸引力的职业，让农村成为安居乐业的美丽家园。

一是重塑城乡关系，走城乡融合发展之路。坚持以工补农、以城带乡，推动形成工农互促、城乡互补、协调发展、共同繁荣的新型工农城乡关系。想方设法创造条件，让农村的机会吸引人，让农村的环境留住人。解决土地增值收益长期"取之于农、用之于城"的问题，破解"农村的地自己用不上、用不好"的困局。优化政策，稳定政策预期，建好工商资本下乡的制度"防火墙"。把公共基础设施建设的重点放在农村，推进城乡基础设施共建共享、互联互通，加快推进公共服务下乡，逐步建立健全全民覆盖、普惠共享、城乡一体的基本公共服务体系。让符合条件的农业转移人口在城市落户安居，通过制度保障，让进城的进得放心，留村的留得安心。

二是巩固和完善农村基本经营制度，走共同富裕之路。坚持农村土地集体所有，坚持家庭经营基础性地位，坚持稳定土地承包关系，完善农村产权制度，健全农村要素市场化配置机制，实现小农户和现代农业发展有机衔接。农村土地第二轮承包到期后再延长30年，完善承包地"三权分置"制度。处理好培育新型农业经营主体和扶持小农的关系，注重发挥新型农业经营主体带动作用，培育各类专业化市场化服务组织，把小农生产引入现代农业发展轨道。稳步推进农村集体产权制度改革，全面开展清产核资，推动资源变资产、资金变股金、农民变股东，增强集体经济发展活力。完善农民闲置宅基地和闲置农房政策，探索宅基地所有权、资格权、使用权"三权分置"。

三是深化农业供给侧结构性改革，走质量兴农之路。坚持以农业供给侧结构性改革为主线，坚持质量兴农、绿色兴农、品牌强农，加快推进农业增产导向转向提质导向，加快构建现代农业的产业体系、生产体系和经营体系，不断提高我国农业质量效益和竞争力，实现由农业大国向农业强国转变。守住耕地红线，把高标准农田建设好，把农田水利搞上去，把现代种业、农业机械等技术装备水平提上来，把粮食生产功能区建设好，真正把藏粮于地、藏粮于技战略落到实处。突出农业绿色化、优质化、特色化、品牌化，加快培育优势特色农业，推进农产品流通现代化。加强源头治理，健全监管体制，把农产品质量安全各项工作落到实处。抓农村新产业新业态，发展乡村休闲旅游、文化体验、养生养老、农村电商等，完善利益联结机制，让农民合理分享全产业链增值收益。

四是坚持人与自然和谐共生，走乡村绿色发展之路。守住生态保护红线，推行绿色发展方式和生活方式，让良好生态成为乡村振兴的支撑点。健全以生态绿色为导向的农业政策支持体系，建立绿色低碳循环的农业产业体系，加强农业面源污染防治，强化土壤污染管控和修复，继续实施重要生态系统保护和修复工程，建立统筹山水林田湖草系统治理制度。搞好农村人居环境整治，梯次推动乡村山水林田路房整治改善。

五是传承发展提升农耕文明，走乡村文化兴盛之路。弘扬和践行社会主义核心价值观，丰富农民精神文化生活，培育挖掘乡土文化人才。深入挖掘、继承、创新优秀传统乡土文化，加大对古镇、古村落、古建筑、民族村寨、文物古迹、农业遗迹的保护力度。推动移风易俗，培育文明乡风、良好家风、淳朴民风。

六是创新乡村治理体系，走乡村善治之路。加强和创新乡村治理，健全党委领导、政府负责、社会协同、公众参与、法治保障、科技支撑的现代乡村社会治理体制，健全自治、法治、德治相结合的乡村治理体系，让农村社会既充满活力又和谐有序。加强农村基层党组织带头人队伍和党员队伍建设。加强对农村基层干部队伍的监督管理，严肃查处侵犯农民利益的"微腐败"。以党的领导统揽全局，创新村民自治的有效形式，推动社会治理服务重心向基层下移。加强农村法治宣传教育，完善农村法治服务，加强乡村道德建设。创新基层管理体制机制，深入推进平安乡村建设。

七是打好精准脱贫攻坚战，走中国特色减贫之路。注重扶贫同扶志、扶智相结合，把提高脱贫质量放在首位，把激发贫困人口内生动力、增强发展能力作为根本举措。强化产业和就业扶持，有序推进易地搬迁扶贫，强化保障性扶贫，着力补齐贫困地区基础设施和公共服务短板。强化中央统筹、省负总责、市县抓落实的工作机制，加强扶贫工作力量，选好配强干部。坚持实事求是，力戒形式主义，给基层减轻工作负担。强化脱贫攻坚资金支持，加强扶贫资金管理，开展扶贫领域腐败和作风问题专项治理，确保每一分钱都花在刀刃上。

7. 实施乡村振兴战略的总目标是什么？

习近平总书记指出，农业农村现代化是实施乡村振兴战略的总目标；要坚持把解决好"三农"问题作为全党工作重中之重，举全党全社会之力推动乡村振兴，促进农业高质高效、乡村宜居宜业、农民富裕富足。这些重要论述，深刻阐释了新时代农业农村现代化的核心要义和科学内涵，鲜明提出了全面推进乡村振兴的方向目标。这个现代化不仅包括"物"的现代化，也包括"人"的现代化，还包括乡村治理体系和治理能力的现代化。全面现代化，就是农业要与工业、信息一同现代化，农村要与城镇、农民要与市民一起现代化，这体现了对现代化建设规律的科学把握，也是全面推进乡村振兴的主要目标和出发点落脚点。今后农业和农村的现代化要一体设计，统筹推进。

农业高质高效是农业现代化的根本要求。适应城乡居民食物消费结构不断升级的需要，农产品保供需要保数量、保多样、保质量。农业高质高效，就是要围绕保供给、提质量、增效益，夯实农业基础、强化科技支撑，创新经营方式，推动农业设施化、园区化、融合化、绿色化、数字化水平大幅提升。

乡村宜居宜业是农村现代化的重要标志。城乡差距最显著的表现是农村基础设施落后，基本公共服务跟不上，农民生活不便利。乡村宜居宜业，就是要围绕强设施、优服务、美环境，加快补齐农村基础设施和基本公共服务短板，改善农村生态环境，提高乡村治理效能，加快建成交通便捷、服务便利、美丽宜人、业兴人和的乡村。

农民富裕富足是农业农村现代化的核心目标。没有农民的富裕，就没有整个国家、全体人民的共同富裕。加快农业农村发展，必须让农民的腰包鼓起来，让农民的生活品质提起来，更有获得感幸福感安全感。农民富裕富足，就是要坚持"富口袋"和"富脑袋"相结合，多渠道增加农民收入，提高农民科技文化素质，改善农民生活品质，让广大农民平等参与现代化进程，共同分享现代化成果，过上现代文明生活。

8. 在实施乡村振兴战略中如何坚持农业农村优先发展？

党的十九大报告从全局和战略高度，明确提出要坚持农业农村优先发展，历史性地把农业农村工作摆在党和国家工作全局的优先位置。

坚持农业优先发展，就是要始终把解决好"三农"问题作为全党工作重中之重，在干部配备上优先考虑，在要素配置上优先满足，在资金投入上优先保障，在公共服务上优先安排，这体现了我们党对"三农"战略地位认识的发展和创新，阐明了对工农城乡发展优先序的战略考量。在全面建设社会主义现代化国家新征程中，要切实树立农业农村优先发展的政策导向，把"四个优先"要求落到具体制度设计、政策制定、财政投入和工作重点摆布上，建立健全与优先发展相配套的工作推动机制和政绩考核指标体系。

一是加强党对"三农"工作的集中统一领导，在干部配备上优先考虑。党管农村工作，是我们最大的政治优势。坚持农业农村优先发展，必须全面加强党对"三农"工作的集中统一领导，特别是在干部配备上优先考虑"三农"事业需要。中央明确要求，各级党委和政府主要领导干部要懂"三农"工作、会抓"三农"工作，分管领导要真正成为"三农"工作的行家里手。要认真落实五级书记抓乡村振兴的要求，建立市县党政领导班子和领导干部实绩考核制度，压实市县两级的责任，特别是推动县委书记把主要精力和工作重心放在农村工作上，当好乡村振兴"一线总指挥"。要把到农村一线锻炼作为培养干部的重要途径，将优秀干部充实到"三农"战线和基层一线，抓实建强农村基层党组织，真正把农村基层党组织建成坚强战斗堡垒。

二是健全城乡要素合理流动体制机制，在要素配置上优先满足。近年来，统筹城乡发展方面取得了积极进展，但城乡要素合理流动的体制机制还没有完全建立起来，渠道还没有完全打通，要素不平等交换问题还比较突出，农村人才、资金和土地还在大量流入城市，农业农村"失血"问题仍很严重。要强化制度性供给和政策安排设计，破除阻碍要素城乡双向流动、平等交换的体制机制壁垒，改变资源要素向城市单向流动格局，构建城乡互补、全面融合、共享共赢的互利互惠机制，让土地、人才、资金、技术等各类要素更多流向农业农村。

三是加大公共财政倾斜支持力度，在资金投入上优先保障。将优先发展真正落到实处，补上我国农业农村发展多年的欠账，急需大量真金白银的投入。农业农村建设面广量大，很多项目都是公益性的，社会效益明显高于经济效益，少数有回报的也是投入大、周期长、回本慢，因此必须发挥公共财政资金的主渠道作用。要坚持把农业农村作为财政优先保障领域和金融优先服务领域，加大公共财政倾斜力度，提高土地出让收益用于农业农村的比例，确保投入力度不断增强，总量不断增加。同时，加快涉农资金统筹整合，集中力量办大事，发挥好财政资金"四两拨千斤"的作用，撬动更多社会资金配置到农业农村。

四是补齐基础设施短板，在公共服务上优先安排。城乡差距大，最直观、农民反映最强烈的，还是基础设施建设和公共服务水平的落差。要坚持把公共基础设施建设的重点放在农村，推动公共服务资源更多向农村倾斜，持续改善路、水、电、物流等基础条件，逐步实现城乡基础设施共建共享、互联互通，全面提升农村科教文卫体、养老社保等公共服务水平，努力推进城乡基本公共服务标准统一、制度并轨，从形式上的普惠向实质上的公平转变，让农民在农村就可以享受到优质的公共服务资源，过上与城里人同等便利的生活。

9. 实施乡村振兴战略的总要求是什么?

习近平总书记强调，产业兴旺、生态宜居、乡风文明、治理有效、生活富裕是实施乡村振兴战略的总要求。实施乡村振兴战略，是立足于社会主义初级阶段基本国情，着眼于确保如期实现全面小康和基本实现现代化、实现国家长治久安作出的重大决策部署。实施好这一战略，必须科学制定规划，强化制度供给，按照这五句话20个字的总要求，统筹推进农村经济建设、政治建设、文化建设、社会建设、生态文明建设，加快推进农业农村现代化，让亿万农民过上更加幸福美好的新生活。

产业兴旺，是解决农村一切问题的前提。要发展现代农业，调整优化农业结构，加快构建现代农业产业体系、生产体系、经营体系，确保国家粮食安全和重要农产品有效供给。发展农村新产业新业态，推动农产品加工业优化升级，把现代信息技术引入农业产加销各个环节，发展乡村休闲旅游、文化体验、养生养老、农村电商等，推进农村一二三产业融合发展，实现乡村经济多元化。

生态宜居，是乡村振兴的内在要求。要扎实实施农村人居环境整治提升行动，推进农村"厕所革命"，加强农业生态环境保护和农村污染防治，统筹推进山水林田湖草系统治理，改造提升农村水电路气房讯等基础设施，打造农民安居乐业的美丽家园，让良好生态成为乡村振兴支撑点。

乡风文明，是乡村振兴的紧迫任务。要加强农村思想道德建设和公共文化建设，以社会主义核心价值观为引领，弘扬主旋律和社会正气，发挥红白理事会、村规民约的积极作用，推动移风易俗，培育文明乡风、良好家风、淳朴民风，改善农民精神风貌，提高乡村社会文明程度，焕发乡村文明新气象。

治理有效，是乡村振兴的重要保障。要加强和创新乡村治理，建立健全党委领导、政府负责、社会协同、公众参与、法治保障、科技支撑的现代乡村社会治理体制，健全自治、法治、德治相结合的乡村治理体系，让农村社会既充满活力又和谐有序。

生活富裕，是乡村振兴的主要目的。要构建促进农民收入稳定增长的长效机制，通过发展农村经济、引导农村劳动力转移就业、增加农民财产性收入和转移性收入等多种途径增加农民收入，不断缩小城乡居民收入差距，让广大农民尽快富裕起来。

10. "十四五"时期全面推进乡村振兴的目标任务是什么？

2021 年中央 1 号文件，贯彻落实习近平总书记重要讲话精神，落实党的十九届五中全会和国家"十四五"规划确定的各项部署，围绕全面推进乡村振兴、加快农业农村现代化，对"三农"工作作出全面部署，明确了"十四五"时期全面推进乡村振兴的目标任务，即：到 2025 年，农业农村现代化取得重要进展，农业基础设施现代化迈上新台阶，农村生活设施便利化初步实现，城乡基本公共服务均等化水平明显提高。农业基础更加稳固，粮食和重要农产品供应保障更加有力，农业生产结构和区域布局明显优化，农业质量效益和竞争力明显提升，现代乡村产业体系基本形成，有条件的地区率先基本实现农业现代化。脱贫攻坚成果巩固拓展，城乡居民收入差距持续缩小。农村生产生活方式绿色转型取得积极进展，化肥农药使用量持续减少，农村生态环境得到明显改善。乡村建设行动取得明显成效，乡村面貌发生显著变化，乡村发展活力充分激发，乡村文明程度得到新提升，农村发展安全保障更加有力，农民获得感、幸福感、安全感明显提高。

上述目标任务概括来讲，就是"两个确保，两个开好局起好步，一个全面加强"。两个确保，就是确保不发生规模性返贫，确保粮食产量稳定在 1.3 万亿斤①以上。两个开好局起好步，就是农业现代化、农村现代化都要开好局起好步。农业现代

---

① 斤为非法定计量单位，2 斤为 1 公斤。本书不再括注。

化方面，突出部署解决好种子和耕地两个要害问题，强化现代农业科技和物质装备支撑，着力构建现代农业产业体系、经营体系，推进农业绿色发展。农村现代化方面，以实施乡村建设行动为抓手，部署一批农村人居环境、基础设施和公共服务、农村消费、县域内城乡融合发展等方面的重点工程和行动。一个全面加强，就是加强党对"三农"工作的全面领导。对健全党的农村工作领导体制和工作机制、加强党的农村基层组织建设和乡村治理等方面提出明确要求，强化农业农村优先发展投入保障。

11. 如何实现巩固拓展脱贫攻坚成果同乡村振兴有效衔接？

习近平总书记强调，脱贫摘帽不是终点，而是新生活、新奋斗的起点。脱贫攻坚目标任务完成后，"三农"工作重心历史性地转向全面推进乡村振兴。要立足新发展阶段、贯彻新发展理念、构建新发展格局，坚决守好不发生规模性返贫的底线，扎实推进巩固拓展脱贫攻坚成果同乡村振兴有效衔接。

一是持续巩固拓展脱贫攻坚成果。落实好对脱贫县设立过渡期要求，过渡期内切实保持主要帮扶政策总体稳定，继续扶上马送一程。加强易返贫致贫人口动态监测和帮扶，真正做到早发现、早干预、早帮扶。继续加大力度支持脱贫地区特色产业发展，加快补上技术、设施、营销、资金等短板，增强产业带农益农能力。强化易地搬迁后续扶持，多渠道发展产业、增加就业，加快公共基础设施和社会事业发展，促进社区融入。健全农村低收入人口常态化帮扶机制，分层分类做好救助帮扶。支持各地将脱贫县作为乡村振兴的支持重点，在西部地区脱贫县中确定一批国家乡村振兴重点帮扶县给予集中支持。坚持和完善东西部协作、中央单位定点帮扶、社会动员等机制，继续选派驻村第一书记和工作队。开展巩固脱贫成果后评估，把巩固拓展脱贫攻坚成果纳入市县党政领导班子和领导干部推进乡村振兴战略实绩考核范围。

二是扎实推进乡村振兴重点工作。粮食和重要农副产品稳产保供是新阶段"三农"工作的首要任务，要深入实施藏粮于地、藏粮于技战略，重点解决好种子和耕地两个要害问题，推进种业振兴，牢牢守住18亿亩①耕地红线，把牢15.5亿亩永久基本农田红线，建好10亿亩旱涝保收、稳产高产的高标准农田，稳步提高粮食综合生产能力。同时，构建辅之以利、辅之以义的保障机制，完善农业支持保护制度，让农民务农种粮有钱赚、多得利；实行粮食安全党政同责，压实地方党委政府重农抓粮的义务和责任。要大力发展富民乡村产业，丰富乡村经济业态，拓展农民增收空间。实施乡村建设行动是全面推进乡村振兴的重要抓手，要落实好"为农民而建"的要求，把村庄规划编制好，严格规范村庄撤并，推动公共基础设施往村覆盖、往户延伸，持续提高农村基本公共服务质量和水平，加强农村生态文明建设，改善农村人居环境，力争通过一段时间的努力让乡村面貌有个大的变化。加强农村精神文明建设，加强和改进乡村治理，建设文明乡风。改革是乡村振兴的内在动力，应重点围绕促进小农户与现代农业有机衔接，深化新一轮农村改革，落实第二轮土地承包到期后再延长30年政策，突出抓好家庭农场和农民合

---

① 亩为非法定计量单位，15亩为1公顷。本书不再括注。

作社两类新型农业经营主体，发展壮大专业化社会化服务组织，深化农村集体产权制度改革。需要注意的是，对农村土地等重大改革问题，不能只算经济账、眼前账，在制度安排和政策设计上要保持历史耐心，看准了再改。

三是建立健全乡村振兴领导体制和工作机制。落实好党中央关于加强党对"三农"工作全面领导的要求，加强党委农村工作机构队伍建设。以贯彻落实《中国共产党农村工作条例》为抓手，推动健全乡村振兴政策体系、工作体系、制度体系，形成全党全社会合力促振兴的工作格局。总结借鉴脱贫攻坚在组织推动、要素保障、政策支持、协作帮扶、考核督导等方面的经验，形成行之有效的机制办法，把脱贫攻坚中磨炼锻造的坚强有力的工作队伍、高效务实的工作机制、精准有效的工作办法等运用到全面推进乡村振兴上来，建立健全上下贯通、各司其职、一抓到底的乡村振兴工作体系，为全面推进乡村振兴、加快农业农村现代化提供有力保障。

12. 怎样构建新型工农城乡关系？

党的十九大明确提出，坚持农业农村优先发展，建立健全城乡融合发展体制机制和政策体系。推进乡村全面振兴，核心是重塑工农城乡关系，扭转长期以来"重工轻农、重城轻乡"的思维定势，打破城乡二元分割的体制藩篱，推动城乡要素自由流动平等交换、公共资源均衡配置，加快形成工农互促、城乡互补、全面融合、共同繁荣的新型工农城乡关系。

一是构建乡村产业发展新机制。乡村发展需要产业带动，只有产业兴旺了，乡村才能聚拢人气、带动就业。今后，应加大力度发展县城或中心城镇产业，制定相关扶持政策，改善农村营商环境，引导适合农村的产业向乡村布局，把就业、效益、收入更多留在农村。要发挥农业多功能性，挖掘乡村多重价值，促进一二三产业融合发展，拓宽农民增收渠道。

二是建立乡村振兴人才支撑机制。缺少人才的乡村，无法真正实现振兴。建立适应乡村振兴需要的人才队伍，要坚持"两条腿"走路。一方面，培养本土人才，重点培育高素质农民和乡村实用人才，全面建立职业农民制度。另一方面，吸引外来人才，破除城市人才下乡的制度障碍，建立城市专业人才定期服务乡村机制，搭建乡村建设志愿服务平台，鼓励各类人员返乡下乡创业创新、投身乡村振兴。

三是建立农村土地管理使用新机制。土地是农村最重要的资源，乡村振兴需要把土地资源用好用活。破解农村的地自己用不上、用不好的困局，必须深化农村土地制度改革，创新完善农村承包地、宅基地和集体建设用地管理体制机制。按照"三权分置"思路推进宅基地制度改革，放活宅基地和农民房屋使用权，盘活闲置农房。推动农村集体经营性建设用地入市，优化村庄布局，有效利用零星分散的建设用地，解决农村产业用地需求。同时，加强土地用途管制，防止农村土地乱占乱用，坚决遏制耕地"非农化"，防止耕地"非粮化"。

四是构建稳定的投入保障机制。农业农村建设历史欠账多，补短板需要大量投入，现有资金筹集渠道、投入力度，远远满足不了实际需要。要下决心调整城乡公共资源配置机制，加快形成财政优先保障、金融重点支持、社会积极参与的乡村振兴多元投入格局。公共财政应进一步提高对农业农村的投入支持力度，落实县域内金融机构的存款主要用于乡村的政策，引导工商资本等助力乡村振兴。调整土地收益分配结构，落实提高土地出让收益用于农业农村比例有关政策。

五是建立基本公共服务城乡均等化机制。城乡差距大，最明显体现在城乡人居环境、公共设施和公共服务落差大。要建立城乡发展一体化推进机制，推动城市基础设施向农村延伸，社会事业向村覆盖，往户延伸。加快实现城乡基本公共服务均等化，在制度接轨的基础上提高农村标准。

六是完善农业转移人口市民化机制。要加快推进户籍制度改革，完善城乡平等就业制度，让进城农民平等享受医疗、教育、社保等公共服务，建设适应农业转移人口需要的保障住房，让符合条件的农业转移人口在城镇落户，真正实现市民化。

产业兴旺篇

13. 为什么说产业兴旺是解决农村一切问题的前提?

习近平总书记指出,产业兴旺是解决农村一切问题的前提,要推动乡村产业振兴,紧紧围绕发展现代农业,围绕农村一二三产业融合发展,构建乡村产业体系。乡村要振兴,产业振兴是源头、是基础。发展才是硬道理,产业振兴才是硬杠杠。离开产业的支撑,乡村振兴就是空中楼阁;离开发展的保障,振兴乡村就是一句空话。

产业兴旺有利于夯实国家粮食安全基础。当前,我国粮食供求依然处于紧平衡状态,面对复杂严峻的国际形势,粮食安全问题不能有任何闪失。要牢牢把握粮食安全主动权,在推动农村产业发展中合理布局种植结构,引导农业资源优先保障粮食生产,深入实施藏粮于地、藏粮于技战略,延伸粮食产业链、提升价值链、打造供应链,保证粮食产量和质量稳定,确保中国人的饭碗任何时候都牢牢端在自己手上。

产业兴旺有利于推动农村各项事业振兴。乡村产业发展壮大,才能更好吸引在外优秀人才、务工人员、大学毕业生回乡发展,推进乡村人才振兴。乡村产业能够持续带动农民增收、不断满足其物质生活需要,有利于进一步满足农民在文化、生态等方面的美好生活需要,更好推进乡村文化振兴、生态振兴。

产业兴旺有利于打通城乡经济循环堵点。城乡经济循环是国内大循环的重要组成部分,是确保国内国际双循环相互促进的关键因素。畅通城乡经济循环,最大堵点之一是城乡间要素流通不畅;实施扩大内需战略,最大的潜力空间在农村。加快发展乡村产业,不仅有利于推动城乡要素平等交换、双向流动，更好畅通城乡经济循环，缩小城乡发展差距，而且有利于释放农村消费潜力，促进形成新发展格局。

产业兴旺有利于增进广大农民福祉。乡村产业进一步发展起来，不仅能拓宽农民就业、增收渠道，让更多农民实现就地就近就业，而且有利于解决农民外地务工带来的留守儿童、留守老人问题，还能使农村"人气"越来越旺，加快乡村建设进程，让农民享受到更多更好的公共产品和服务。比如，在脱贫攻坚期间，一大批农民工返乡创业、参与乡村产业发展，既能获取收益，又能兼顾家庭，获得感、幸福感、安全感显著增强。

产业兴旺有利于巩固拓展脱贫攻坚成果。发展乡村产业是实现脱贫致富的根本之策。在脱贫攻坚中，许多贫困地区因地制宜，通过发展特色优势产业实现了脱贫摘帽。但总体看，脱贫地区产业发展还处于起步阶段，技术、资金、人才、市场等支撑还不强。从实践看，凡是富裕的乡村，大都有主导优势产业，广大农民能通过产业发展实现充分就业、不断提高收入。因此，只有乡村产业蓬勃发展，脱贫地区特色优势产业稳定高质量发展，才能持续拓宽农民增收渠道，有效防止返贫和新的贫困发生。

14. 乡村产业的内涵特征是什么？

2019 年，国务院印发《关于促进乡村产业振兴的指导意见》，对促进乡村产业振兴作出全面部署。乡村产业根植于县域，以农业农村资源为依托，以农民为主体，以一二三产业融合发展为路径，地域特色鲜明、创新创业活跃、业态类型丰富、利益联结紧密，助力提升农业、繁荣农村、致富农民。就特征来讲，乡村产业来源于传统种养业和手工业，并在此基础上得到改造提升，具有产业链延长、价值链提升、供应链健全，农业功能充分发掘，乡村价值深度开发，带动乡村就业结构优化、农民增收渠道拓宽等特征。就外延来说，乡村产业是以农民参与为主，涵盖"产加销服"多种环节、"农文旅教"多重功能、"科工贸信"多项支持、"大中小微"多元主体的县域乡村富民产业。

乡村产业是姓"农"、立农、为农、兴农的产业。乡村产业立足于种养业，但又不局限于种养业，是对种养业和手工业的改造提升。乡村产业有别于过去的乡镇企业，联农带农特征更加明显，通过健全利益联结机制，带动农民就业增收。乡村产业有别于城市产业，以农业农村资源为依托，拓展农业多种功能，提升乡村多元价值，业态类型丰富，乡村气息浓厚。

发展乡村产业，一要以科学布局优化乡村产业发展空间结构。强化县域统筹，推进镇域产业聚集，构建县乡联动、以镇带村、镇村一体的格局。二要以产业融合增强乡村产业发展聚合力。发掘新功能新价值，培育融合主体、催生融合业态、搭建融合载体、建立融合机制，发展联结城乡、打通工农、联农带农的多类型多业态产业，让小农户更多分享产业链增值收益。三要以质量兴农绿色兴农增强乡村产业持续增长力。发展乡村绿色产业，健全绿色标准体系，培育提升产品品牌，强化资源保护利用，让乡村产业成为撬动"绿水青山"转化为"金山银山"的"金杠杆"。四要以创新创业增强乡村产业发展新动能。改变过去乡村产业主要依靠人力、地力等传统要素发展的局面，更多依靠科技创新支撑，培育创新创业主体，拓宽创新创业领域。五要落实五级书记抓乡村振兴的工作要求。把乡村产业振兴作为重要任务，摆上突出位置，建立农业农村部门牵头抓总、相关部门协同配合、社会力量积极支持、农民群众广泛参与的推进机制。

15. 推进产业兴旺的主要举措有哪些？

促进乡村产业振兴，要在巩固扩大粮食产能、保障国家粮食安全的基础上，坚持以农业农村资源为依托，以农民为主体，以一二三产业融合发展为路径，聚焦重点产业，聚集资源要素，充分发掘乡村多种功能和价值，强化创新引领，突出集群成链，延长产业链、提升价值链、打造供应链，培育发展新动能，为乡村全面振兴和农业农村现代化奠定坚实基础。

一是提升农产品加工业。鼓励和支持农民合作社、家庭农场和中小微企业等发展农产品产地初加工，鼓励大型农业企业和农产品加工园区发展精深加工和综合利用，推进农产品多元化开发、多层次利用、多环节增值。引导大型农业企业重心下沉，在粮食生产功能区等建设加工专用原料基地，培育"中央厨房＋冷链配送＋物流终端"等新型加工业态，推动农产品加工向园区集中，建设一批农产品加工园区和国际农产品加工产业园。加快技术创新和装备创制，促进农产品加工业提档升级。

二是拓展乡村特色产业。在县域内打造农业全产业链，提升乡村特色产业的附加值，促进农业多环节增效、农民多渠道增收。依托乡村特色优势资源，立足主导产业，建设一批"一村一品"示范村镇、农业产业强镇、现代农业产业园和优势特色产业集群，构建乡村产业"圈"状发展格局。培育一批"乡字号""土字号"特色知名品牌，扩大市场影响力。

三是优化乡村休闲旅游业。拓展农业多种功能，提升乡村多元价值，强化特色化、差异化、多样化，开发形式多样、独具特色、个性突出的田园观光、农耕体验、文化休闲、科普教育、健康养生等业态和"后备厢""伴手礼"等产品。实施乡村休闲旅游精品工程，发掘推介一批乡村休闲旅游精品景点线路和中国美丽休闲乡村，建设一批全国休闲农业重点县，开发乡村休闲旅游"夜经济"。

四是发展新型服务业。支持供销、邮政、农民合作社及乡村企业等，开展农技推广、生产托管、烘干收储等农业生产性服务，推广农超、农社（区）、农企等产销对接模式。改造提升餐饮住宿、商超零售、美容美发、洗浴、照相、电器维修、再生资源回收等乡村生活服务业，积极发展订制服务、体验服务、智慧服务、共享服务、绿色服务等新形态。实施"互联网＋"农产品出村进城工程，完善乡村信息网络基础设施，加快发展农产品冷链物流设施，大力发展农村电子商务。

五是推进农村产业融合发展。培育壮大龙头企业队伍，形成国家、省、市、县四级龙头企业梯队。扶持一批龙头企业带动、农民合作社和家庭农场跟进、小农户参与的农业产业化联合体，构建分工协作、优势互补、联系紧密的利益共同体，实现抱团发展。支持发展县域范围内产业关联度高、辐射带动力强、参与主体多的融合模式，引导各类经营主体以加工流通带动业态融合，发展"中央厨房"等融合业态，引导新型农业经营主体与小农户建立多种类型的联结机制，促进利益融合。

六是推进农村创业创新。引导农民工、大中专毕业生、退役军人、科技人员等返乡入乡人员和"田秀才""土专家""乡创客"创业创新。遴选推介一批农村创业创新导师队伍、农村创业创新优秀带头人和乡村企业家，建设一批全国农村创业创新园区（基地）和农村创新创业孵化实训基地，推介一批全国农村创业创新典型县。培育市场化中介服务机构，强化创业服务。

16. 为什么说解决好吃饭问题是治国理政的头等大事?

　　粮食安全是国家安全的重要基础。我国特殊国情、农情决定了解决好吃饭问题始终是治国理政的头等大事。毛泽东同志早年就提出："世界上什么问题最大，吃饭问题最大。"习近平总书记强调：只要粮食不出大问题，中国的事就稳得住。手中有粮、心中不慌在任何时候都是真理，要确保国家粮食安全，把中国人的饭碗牢牢端在自己手中。新中国成立以来，我国在粮食安全领域取得了举世瞩目的巨大成就，用全球约9%的耕地、6%的淡水资源生产的粮食，养活了近20%的人口，实现了从温饱不足到全面小康的历史性跨越。当前，国际环境正在发生深刻而复杂的变化，我国改革发展稳定任务繁重，保障粮食安全面临许多新情况新问题新挑战。要从世情国情出发，准确把握"头等大事"，增强政治自觉、思想自觉和行动自觉。

　　一是在构建人类命运共同体的进程中，粮食安全是世界性的重大课题。粮食是人类生存和发展最基本的物质条件，粮食安全是世界和平与发展的重要保障，关系人类永续发展和前途命运。国际粮食贸易面临着保护主义和单边主义的干扰，不稳定因素增加。虽然近年来全球粮食供应总体宽松，但粮食安全形势依然严峻，实现全球 2030 年"零饥饿"可持续发展目标面临严峻挑战。

二是回顾总结历史发展的经验,粮食安全是国之大计、强国之基。"悠悠万事、吃饭为大","民为国基、谷为民命"。自古以来,粮食就被看作"政之本务",粮食储备被认为是"天下之大命"。粮食安全保障有力,发展大局就有了坚实基础,从"富起来"走向"强起来"就更有底气。我们是人口大国,对粮食问题,要从战略上看,看得深一点、远一点,什么时候都不能轻言粮食过关了,要居安思危,牢牢掌握粮食安全主动权。

三是面对复杂多变的国际环境,粮食安全是维护国家安全的重要支撑。粮食安全与能源安全、金融安全并称为三大经济安全。袁隆平院士说:"一粒粮食能救一个国家,也可以绊倒一个国家。"一个国家只有实现粮食基本自给,才有能力掌控和维护好经济社会发展大局。当今世界风云变幻,做到"手中有粮",方可"心中不慌",才能有"乱云飞渡仍从容"的战略定力。

17. 新时代国家粮食安全战略是什么?

党的十八大以来,以习近平同志为核心的党中央着眼实现"两个一百年"奋斗目标和中华民族伟大复兴的中国梦,提出了"以我为主、立足国内、确保产能、适度进口、科技支撑"的新形势下国家粮食安全战略,强调要"确保谷物基本自给、口粮绝对安全"。习近平总书记强调,保障国家粮食安全是一个永恒的课题,任何时候这根弦都不能松,中国人的饭碗任何时候都要牢牢端在自己手上,我们的饭碗应该主要装中国粮。我们要深刻领会新时代国家粮食安全战略,以高度的自觉、扎实的行动,全力以赴促进农业生产稳定发展。

一是把握战略立足点，始终坚持以我为主、立足国内。我国作为世界上最大粮食生产国和消费国，受耕地、淡水等资源约束，粮食有缺口是客观现实，需要有效利用国际市场和国外资源。但十几亿中国人不能靠买饭吃过日子，我们的饭碗应该主要装自己的粮。这是因为：一方面，国际市场调剂空间有限，全球粮食贸易量既不够我们吃，也不可能都卖给我们；另一方面，大规模进口不可持续。如果我国长期从国际市场大量采购粮食，可能引起国际市场粮价大幅度上涨，不仅要付出高昂的代价，也会影响我国与一些不发达国家和发展中国家的关系。

二是把握战略着力点，努力确保产能、强化科技支撑。提升我国粮食综合生产能力，首先要藏粮于地。目前，农业靠天吃饭的局面仍未根本改变。要确保产能，守住耕地红线是重要的前提，划定永久基本农田是重要的保障，建设旱涝保收高标准农田是重要的途径。其次要藏粮于技。在耕地、水等资源约束日益强化的背景下，粮食增产的根本出路在科技。2020年，我国农业科技进步贡献率超过60%，农作物耕种收综合机械化率达到71%，畜牧养殖和水产养殖机械化水平分别达到34.2%和29.9%。主要农作物良种基本实现全覆盖，农作物自主选育品种面积占比95%，实现了中国粮主要用中国种。畜禽、水产核心种源自给率分别超过75%和85%。这些年农业科技对我国粮食增产贡献很大，但与发达国家相比还有很大差距。差距就是潜力，今后要坚持走依靠科技进步、提高单产的内涵式发展道路，给农业和粮食插上科技的翅膀。

三是把握战略平衡点，适度进口农产品，用好两种资源、两个市场。我国地不足、水不够、资源环境压力大，为满足市场需求，适度进口是必要的。一方面，要做好品种余缺调剂。我国强筋小麦、弱筋小麦、啤酒大麦等专用品种仍供不应求，需要通过适量进口来弥补国内不足。同时，还要进口一些国外特色调剂品种，以满足多样化的消费需求。另一方面，要做好年度平衡调节。农业受气候影响直接，年度丰歉常有，需要通过进出口和库存来调节。适应经济全球化进程，还需要统筹国际国内两个市场，适量进口粮食来补充国内库存，减轻国内资源环境压力。但要把握好进口的规模和节奏，防止个别品种集中大量进口冲击国内生产，给农民增收带来不利影响。

18. 如何落实"藏粮于地、藏粮于技"？

实施"藏粮于地、藏粮于技"战略，在《中共中央关于制定国民经济和社会发展第十三个五年规划的建议》中首次提出，是新时代中央提升粮食综合生产能力、确保国家粮食安全的重要战略。落实"藏粮于地、藏粮于技"战略，根本在于耕地，出路在科技，要重点在五方面着力。

一是实行粮食安全党政同责。压实地方各级党委和政府粮食安全政治责任，发挥责任制考核导向作用，较真碰硬开展考核，确保各省份粮食安全主体责任落到实处。"十四五"时期各省（自治区、直辖市）要稳定粮食播种面积、提高单产水平。主产区努力发挥优势，巩固提高粮食生产能力。产销平衡区和主销区保持应有自给率，加强粮食生产、储备、流通能力建设，增强粮食供给调控能力。

二是加强耕地保护建设。采取"长牙齿"的措施，落实最严格耕地保护制度，像保护大熊猫一样保护耕地，严守耕地红线，坚决遏制耕地"非农化"、防止耕地"非粮化"。实行永久基本农田特殊保护制度，确保永久基本农田数量不减少、质量不下降，保住中华民族的"铁饭碗"。持续推进高标准农田建设，深入开展耕地保护与质量提升行动，加大东北黑土地保护利用力度，扎实推进保护性耕作行动，不断提升耕地质量。

三是强化科技装备支撑。加快农业科技创新，实施农业关键核心技术攻关，培育推广一批高产稳产、多抗广适、品质优良的新品种，促进产学研用企深度融合，给粮食生产插上科技的翅膀。加快粮食作物生产全程机械化，推动农机农艺融合、良种良法配套，提高粮食生产效益。强化动物防疫和农作物病虫害防治体系建设，科学做好农业防灾减灾。

四是加快构建现代农业经营体系。完善农村承包地"三权分置"制度，突出抓好家庭农场和农民合作社等新型农业经营主体培育，创建一批示范家庭农场和家庭农场示范县，开展农民合作社规范提升行动，发展多种形式适度规模经营。立足"大国小农"的基本国情农情，大力发展粮食生产社会化服务体系，通过农业生产托管等有效形式，将广大小农户引入现代农业发展轨道。

五是推动粮食产业高质量发展。深入推进农业供给侧结构性改革，不断优化粮食生产区域布局和产品结构，发挥粮食生产功能区骨干引领作用，建设国家粮食安全产业带，增加高油高蛋白大豆、饲用玉米和优质水稻、强筋弱筋小麦等紧缺、优质、绿色品种供给。以"粮头食尾"和"农头工尾"为抓手，科学规划布局专用品种基地和加工产业集群，延伸粮食产业链、提升价值链。

19. 如何抓好种子和耕地两个要害？

实施"藏粮于地、藏粮于技"战略，关键是解决好种子和耕地两大要害问题。《中共中央、国务院关于全面推进乡村振兴加快农业农村现代化的意见》对打好种业翻身仗和坚决守住18亿亩耕地红线作出部署安排。

种子方面，要打好种业翻身仗。一是保护种质资源。加强农业种质资源保护开发利用，加快第三次农作物种质资源、畜禽种质资源调查收集，加强国家作物、畜禽和海洋渔业生物种质资源库建设。二是加强自主创新。对育种基础性研究以及重点育种项目给予长期稳定支持。加快实施农业生物育种重大科技项目。深入实施农作物和畜禽良种联合攻关。实施新一轮畜禽遗传改良计划和现代种业提升工程。有序推进生物育种产业化应用。三是培强种业企业。遴选一批优势企业予以重点扶持，深化种业"放管服"改革，研究重大品种研发与推广后补助政策，促进产学研结合、育繁推一体，建立健全商业化育种体系。四是提高基地水平。发展现代化农作物制种基地，深入实施现代种业提升工程，提高南繁基地、制种大县和区域性良种繁育基地建设水平，扶持国家畜禽核心育种场（站）发展，健全良种供应应急保障体系。五是优化市场环境。加强育种领域知识产权保护，严格品种审定登记，加强种业市场监管整治，严厉查处假冒侵权行为。

耕地方面，要坚持稳数量和提质量并重。一是坚决守住18亿亩耕地红线。统筹布局生态、农业、城镇等功能空间，科学划定各类空间管控边界，严格实行土地用途管制。采取"长牙齿"的措施，落实最严格的耕地保护制度。严禁违规占用耕地和违背自然规律绿化造林、挖湖造景，严格控制非农建设占用耕地，深入推进农村乱占耕地建房专项整治行动，坚决遏制耕地"非农化"、防止"非粮化"。二是明确耕地利用优先序。永久基本农田重点用于粮食特别是口粮生产，一般耕地主要用于粮食和棉、油、糖、蔬菜等农产品及饲草饲料生产。明确耕地和永久基本农田不同的管制目标和管制强度，严格控制耕地转为林地、园地等其他类型农用地，强化土地流转用途监管，确保耕地数量不减少、质量有提高。三是加强高标准农田建设。实施新一轮高标准农田建设规划，以粮食生产功能区和重要农产品生产保护区为重点，提高投入标准和建设质量。多渠道筹集建设资金，中央和地方共同加大粮食主产区高标准农田建设投入，2021 年建设 1 亿亩旱涝保收、高产稳产高标准农田。在高标准农田建设中增加的耕地作为占补平衡补充耕地指标在省域内调剂，所得收益用于高标准农田建设。建立农田建设监测监管平台，建立有效管护机制，明确管护主体，落实管护责任。四是加强耕地质量建设。实施国家黑土地保护工程，建设一批综合治理示范区。持续推进东北黑土地保护性耕作行动计划，实施面积 6500 万亩以上。制定实施耕地保护和质量提升行动方案，建设一批国家耕地质量长期定位监测点，开展国家耕地质量等级调查评价。推进退化耕地治理，建设 200 个集中连片示范区。实行污染耕地分类管理，治理面积 5000 万亩。扩大耕地轮作休耕试点范围，面积达到 4000 万亩。

20. 如何加强高标准农田建设？

耕地是粮食生产的命根子。建设高标准农田是巩固和提高粮食生产能力、保障国家粮食安全的关键举措。要紧紧围绕实施乡村振兴战略，按照农业高质量发展要求，以提升粮食产能为首要目标，聚焦重点区域，统筹整合资金，加大投入力度，加强项目管理，大力实施高标准农田建设工程，加快补齐农业基础设施短板，提高水土资源利用效率，切实增强农田防灾抗灾减灾能力，为保障国家粮食安全提供坚实基础。

一是构建全国高标准农田建设规划体系。贯彻落实 2021 年中央 1 号文件要求，进一步明确今后一个时期高标准农田建设目标任务、建设布局和重大措施，加快实施新一轮全国高标准农田建设规划。指导各地总结建设经验，综合考虑实际建设需求、水土资源条件和财力状况等因素，有序推进本地区规划编制工作，加快形成国家、省、市、县四级规划体系，着力推动农田建设从以数量为主向数量质量并重转型，提高投入标准和建设质量。在坚决完成新增建设目标任务的基础上，统筹推进建设年代远、设施配套不完善、投入标准低的已建高标准农田改造提升，实现高质量建设、高效率管理、高水平利用。

二是突出不同区域建设主攻方向。针对不同地区农田设施短板和农业生产主要障碍因素，分区施策推进建设。东北地区重点加强工程配套，提高建设标准，集中打造水稻、玉米、大豆保障基地；黄淮海和西北地区突出高效节水灌溉，重点解决灌溉保障条件薄弱、田间设施老化损毁等问题；长江中下游地区重点完善灌排设施配套，全面提升农田抗旱防涝能力；西南、东南和青藏地区着力解决丘陵山区地块破碎、土层浅薄、工程性缺水等问题，促进农业生产经营规模化机械化。

三是创新多元化投入模式。推动完善农田建设投入机制，把高标准农田建设作为财政支农重点领域，确保财政投入与建设任务相适应。用好土地出让收益调整使用政策，提高用于高标准农田建设的比例。有效利用政府债券政策红利，扩大用于高标准农田建设的债券发行规模和地区。积极拓展外资利用渠道，更多争取亚洲开发银行、国际农业发展基金等国际组织资金支持农田建设。

四是健全良性运行的管护机制。加快完善管护政策制度，规范农田设施竣工验收、资产移交和管护利用，明确管护主体，落实管护责任，多渠道筹措管护经费，确保建成一亩、管好一亩。积极探索"网格化""田长制""田保姆"等管护模式，引导农民和各类经营主体参与高标准农田运营管护；鼓励地方因地制宜采取财产保险、政府购买服务、设置公益性管护员等方式，调动各方力量共同参与农田设施管护。

21. 在遏制耕地"非农化"方面有哪些政策规定和要求？

耕地是粮食生产的重要基础，解决好 14 亿人口的吃饭问题，必须守住耕地这个根基。我国耕地资源十分紧缺，为加强耕地保护，先后颁布了《中华人民共和国土地管理法》（以下简称《土地管理法》）、《中华人民共和国基本农田保护条例》（以下简称《基本农田保护条例》）等多部法律法规，相继出台《国务院关于坚决制止占用基本农田进行植树等行为的紧急通知》《国务院办公厅关于坚决制止耕地"非农化"行为的通知》等一系列政策措施。要求采取有力措施，强化监督，落实好最严格的耕地保护制度，坚决遏制各类耕地"非农化"行为，坚决守住耕地红线，集中资源优先保障粮食和食物安全。

一是严禁违规占用耕地绿化造林。要严格执行《土地管理法》《基本农田保护条例》等法律法规，禁止占用永久基本农田种植苗木、草皮等用于绿化装饰以及其他破坏耕作层的植物。违规占用耕地及永久基本农田造林的，不予核实造林面积，不享受财政资金补助政策。平原地区要根据资源禀赋，合理制定绿化造林等生态建设目标。退耕还林还草要严格控制在国家批准的规模和范围内，涉及地块全部实现上图入库管理。正在违规占用耕地绿化造林的要立即停止。

二是严禁超标准建设绿色通道。要严格控制铁路、公路两侧用地范围以外绿化带用地审批，道路沿线是耕地的，两侧用地范围以外绿化带宽度不得超过 5 米，其中县乡道路不得超过 3 米。铁路、国道省道（含高速公路）、县乡道路两侧用地范围以外违规占用耕地超标准建设绿化带的要立即停止。不得违规在河渠两侧、水库周边占用耕地及永久基本农田超标准建绿色通道。今后新增的绿色通道，要依法依规建设，确需占用永久基本农田的，应履行永久基本农田占用报批手续。交通、水利工程建设用地范围内的绿化用地要严格按照有关规定办理建设用地审批手续，其中涉及占用耕地的必须做到占补平衡。禁止以城乡绿化建设等名义违法违规占用耕地。

三是严禁违规占用耕地挖湖造景。禁止以河流、湿地、湖泊治理为名，擅自占用耕地及永久基本农田挖田造湖、挖湖造景。不准在城市建设中违规占用耕地建设人造湿地公园、人造水利景观。确需占用的，应符合国土空间规划，依法办理建设用地审批和规划许可手续。对未履行审批手续的在建项目，应立即停止并纠正；占用永久基本农田的，要限期恢复，确实无法恢复的按照有关规定进行补划。

四是严禁占用永久基本农田扩大自然保护地。新建的自然保护地应当边界清楚，不准占用永久基本农田。目前已划入自然保护地核心保护区内的永久基本农田要纳入生态退耕、有序退出。自然保护地一般控制区内的永久基本农田要根据对生态功能造成的影响确定是否退出，造成明显影响的纳入生态退耕、有序退出，不造成明显影响的可采取依法依规相应调整一般控制区范围等措施妥善处理。自然保护地以外的永久基本农田和集中连片耕地，不得划入生态保护红线，允许生态保护红线内零星的原住民在不扩大现有耕地规模前提下，保留生活必需的少量种植。

五是严禁违规占用耕地从事非农建设。加强农村地区建设用地审批和乡村建设规划许可管理，坚持农地农用。不得违反规划搞非农建设、乱占耕地建房等。巩固"大棚房"问题清理整治成果，强化农业设施用地监管。加强对耕地利用情况监测，对乱占耕地从事非农建设及时预警，构建早发现、早制止、严查处的常态化监管机制。

六是严禁违法违规批地用地。批地用地必须符合国土空间规划，凡不符合国土空间规划以及不符合土地管理法律法规和国家产业政策的建设项目，不予批准用地。不得通过擅自调整县乡国土空间规划规避占用永久基本农田的审批。各项建设用地必须按照法定权限和程序报批，按照批准用途、位置、标准使用，严禁未批先用、批少占多、批甲占乙。严格临时用地管理，不得超过规定时限长期使用。对各类未经批准或不符合规定的建设项目、临时用地等占用耕地及永久基本农田的，依法依规严肃处理，责令限期恢复原种植条件。

22. 在防止耕地"非粮化"方面有哪些政策规定和要求？

近年来，我国粮食生产连年丰收，有力保障了国家粮食安全，为稳定经济社会发展大局提供坚实支撑。与此同时，部分地区也出现耕地"非粮化"倾向，如果任其发展，将影响国家粮食安全。为此，2020年11月，国务院办公厅印发《关于防止耕地"非粮化"稳定粮食生产的意见》，要求各地充分认识防止耕地"非粮化"稳定粮食生产的重要性紧迫性，采取有力措施防止耕地"非粮化"，切实稳定粮食生产，牢牢守住国家粮食安全的生命线。

一是明确耕地利用优先序。对耕地实行特殊保护和用途管制，严格控制耕地转为林地、园地等其他类型农用地。永久基本农田是依法划定的优质耕地，要重点用于发展粮食生产，特别是保障稻谷、小麦、玉米三大谷物的种植面积。一般耕地应主要用于粮食和棉、油、糖、蔬菜等农产品及饲草饲料生产。耕地在优先满足粮食和食用农产品生产基础上，适度用于非食用农产品生产，对市场明显过剩的非食用农产品，要加以引导，防止无序发展。

二是加强粮食生产功能区监管。组织开展粮食生产功能区划定情况"回头看"。引导作物一年两熟以上的粮食生产功能区至少生产一季粮食，种植非粮作物的要在一季后能够恢复粮食生产。不得擅自调整粮食生产功能区，不得违规在粮食生产功能区内建设种植和养殖设施，不得违规将粮食生产功能区纳入退耕还林还草范围，不得在粮食生产功能区内超标准建设农田林网。

三是稳定非主产区粮食种植面积。粮食产销平衡区和主销区要按照重要农产品区域布局及分品种生产供给方案要求，制定具体实施方案并抓好落实，扭转粮食种植面积下滑势头。产销平衡区要着力建成一批旱涝保收、高产稳产的口粮田，保证粮食基本自给。主销区要明确粮食种植面积底线，稳定和提高粮食自给率。

四是有序引导工商资本下乡。鼓励和引导工商资本到农村从事良种繁育、粮食加工流通和粮食生产专业化社会化服务等。督促各地区贯彻落实《农村土地经营权流转管理办法》，抓紧建立健全工商资本流转土地资格审查、项目审核制度，强化租赁农地监测监管，对工商资本违反相关产业发展规划大规模流转耕地不种粮的"非粮化"行为，一经发现要坚决予以纠正，并立即停止其享受相关扶持政策。

五是严禁违规占用永久基本农田种树挖塘。贯彻《中华人民共和国土地管理法》《中华人民共和国基本农田保护条例》有关规定，落实耕地保护目标和永久基本农田保护任务。严格规范永久基本农田上农业生产经营活动，禁止占用永久基本农田从事林果业以及挖塘养鱼、非法取土等破坏耕作层的行为，禁止闲置、荒芜永久基本农田。利用永久基本农田发展稻渔、稻虾、稻蟹等综合立体种养，应当以不破坏永久基本农田为前提，沟坑占比要符合稻渔综合种养技术规范通则标准。推动制定和完善相关法律法规，明确对占用永久基本农田从事林果业、挖塘养鱼等的处罚措施。

六是严格落实粮食安全省长责任制。各省、自治区、直辖市人民政府要切实承担起保障本地区粮食安全的主体责任，稳定粮食种植面积，将粮食生产目标任务分解到市县。要坚决遏制住耕地"非粮化"增量，同时对存量问题摸清情况，从实际出发，分类稳妥处置，不搞一刀切。要将防止耕地"非粮化"作为粮食安全省长责任制考核重要内容，细化对粮食主产区、产销平衡区和主销区的考核要求。

七是完善粮食生产支持政策。落实产粮大县奖励政策，健全粮食主产区利益补偿机制。将省域内高标准农田建设产生的新增耕地指标调剂收益优先用于农田建设再投入和债券偿还、贴息等。加大粮食生产功能区政策支持力度，相关农业资金向粮食生产功能区倾斜，优先支持粮食生产功能区内目标作物种植。支持家庭农场、农民合作社发展粮食适度规模经营，大力推进代耕代种、统防统治、生产托管等农业社会化服务，提高种粮规模效益。完善小麦稻谷最低收购价政策，继续实施稻谷补贴、玉米大豆生产者补贴和产粮大县奖励等政策，继续推进三大粮食作物完全成本保险和收入保险试点。积极开展粮食生产薄弱环节机械化技术试验示范。支持建设粮食产后烘干、加工设施，延长产业链条，提高粮食经营效益。

八是加强耕地种粮情况监测。综合运用卫星遥感等现代信息技术，每半年开展一次全国耕地种粮情况监测评价，建立耕地"非粮化"情况通报机制。各地区要对本区域耕地种粮情况进行动态监测评价，发现问题及时整改，重大情况及时报告。

23. 如何构建"辅之以利、辅之以义"机制？

确保国家粮食安全和重要农副产品有效供给，要构建"辅之以利、辅之以义"的保障机制，让农民种粮有钱挣、愿意种粮，让地方党委政府落实好保面积、保产量的义务责任。"辅之以利"，主要是从价格、补贴、投入、保险等方面加大政策支持，稳定和强化种粮农民补贴，坚持并完善稻谷、小麦最低收购价政策，完善玉米、大豆生产者补贴政策，扩大稻谷、小麦、玉米三大粮食作物完全成本保险和收入保险试点范围，让农民种粮基本收益有保障，有钱赚、多得利，充分调动种粮积极性。"辅之以义"，主要是实行粮食安全党政同责，完善省长责任制，下达各省粮食面积、产量目标任务，确保"十四五"时期各省稳定粮食播种面积、提高单产水平，特别是确保南方粮食主销区、产销平衡区粮食播种面积和产量只增不减、自给率稳步提高。同时，针对产粮大县多为财政穷县的问题，完善中央财政奖补政策，加快健全主产区利益补偿机制，在中央预算内投资、省级统筹的土地出让收益使用、耕地占补平衡指标交易等方面给予倾斜支持，支持有条件的省份降低产粮大县三大粮食作物农业保险保费县级补贴比例，着力健全产粮大县支持政策体系，让粮食主产区抓粮得实惠。

24. "菜篮子"市长负责制有哪些要求?

党中央国务院始终高度重视"菜篮子"工作。习近平总书记指出，要管好"菜篮子"，保障城乡居民的"菜篮子"安全。2014年中央1号文件明确提出，要健全"菜篮子"市长负责制考核激励机制。2021年中央1号文件再次强调，要完善粮食安全省长责任制和"菜篮子"市长负责制，确保粮、棉、油、糖、肉等供给安全。

贯彻落实党中央国务院有关"菜篮子"市长负责制的决策部署，2017年1月，国务院办公厅印发《"菜篮子"市长负责制考核办法》，明确由农业部牵头，会同发展改革委、财政部、交通运输部、商务部等"菜篮子"食品管理部际联席会议（以下简称"联席会议"）其他成员单位负责考核直辖市、计划单列市和省会城市等36个城市

"菜篮子"市长负责制落实情况。同年2月，农业部会同联席会议其他成员单位联合印发《"菜篮子"市长负责制考核办法实施细则》（以下简称《细则》），进一步细化考核周期、考核方式和考核内容。2021年3月，在总结首次考核工作的基础上，农业农村部会同联席会议其他成员单位对考核内容和指标进行了优化调整，印发《关于修订〈"菜篮子"市长负责制考核办法实施细则〉的通知》。

《细则》规定，"菜篮子"市长负责制考核主要有以下五个方面要求：一是生产能力，主要考核蔬菜面积、蔬菜产量和肉类产量、水产品产量等指标，旨在确保"菜篮子"产品有效稳定供给。其中，肉类产量重点考核猪肉产量，为兼顾少数民族地区和主要牧区的饮食和宗教习惯，对乌鲁木齐、银川、西宁、拉萨、呼和浩特等城市考核牛羊肉产量。二是市场流通能力，主要考核批发市场规划布局、产地低温处理率、批发市场建设和零售网点建设四个指标。旨在推进市场合理布局、规范市场管理、提升流通效率、便利群众购买。三是质量安全监管能力，主要考核"菜篮子"产品质量安全监管、"菜篮子"产品质量安全水平和"菜篮子"追溯体系建设运行情况等指标，旨在督促地方坚持用最严谨的标准、最严格的监管、最严厉的处罚、最严肃的问责，抓好监督抽查、安全追溯等工作，稳步提高农产品质量安全水平，确保人民群众"舌尖上的安全"。四是调控保障能力，主要考核"菜篮子"工程调控政策、"菜篮子"价格上涨幅度、"菜篮子"产品储备制度建设、信息监测预警体系和信息发布能力以及"菜篮子"工程管理体系建设等指标，旨在督促大中城市政府在尊重市场规律的基础上，切实履行政府调控职责，完善调控政策体系，强化调控措施，用政策支持优化市场资源配置，用储备吞吐平衡市场供应，用信息发布引导市场预期，用财政补贴筑牢民生底线。五是市民满意度，主要考核城市居民对本市"菜篮子"工程建设情况的满意程度，联席会议委托权威第三方评估机构，统一对直辖市、计划单列市和省会城市居民进行"菜篮子"工作满意度调查，调查结果纳入"菜篮子"市长负责制考核总体计分。此外，为强化食品质量安全，考核特别设置扣分项，对于考核期内发生三级及以上的"菜篮子"产品质量安全突发事件的，扣除 25 分。

25. 在产业振兴中如何加强科技的引领作用？

习近平总书记强调，农业现代化关键是农业科技现代化。乡村振兴，产业兴旺是重点，关键在于科技支撑引领。近年来，农业农村部印发了《乡村振兴科技支撑行动实施方案》，打造 1000 个"一村（乡）一品"和 100 个"一县一业"科技引领示范样板。依托现代农业产业技术体系在 52 个贫困县建立产业技术顾问制度，组织专家开展长期帮扶，培育壮大特色产业。组织实施农业技术协同推广计划，加大特聘农技员实施力度。实施高素质农民培育计划，重点面向新型农业经营主体负责人和返乡入乡群体等开展全产业链培训。

一是加强现代农业产业技术体系建设，推动全产业链科技创新。以推进农业产业基础高级化、产业链现代化、产业供给安全化为方向，优化从品种培育到采后加工创新布局，补齐技术短板，打造国家农业产业科技战略力量，为产业高质量发展提供综合技术解决方案。按照全产业链布局科技力量。以农产品为单元，以产业为主线，按照农业生产全过程配置科研力量，围绕产业链关键环节推动跨学科交叉融合，提供从品种到产品到商品，全过程、全链条的技术成果。聚焦产业瓶颈开展联合攻关。以保障粮食安全和重要农产品有效供给为重点，着力攻克种子和耕地两个"要害"问题，在绿色投入品、高效健康种养、机器换人等重点领域，开展多学科、多单位分工协作、联合攻关，变单项研究为系统研究、单点突破为多点集成。立足应用强化成果试验示范。优化主产区和脱贫地区综合试验站布局，推动脱贫攻坚成果与乡村振兴有效衔接。贯通科技创新、推广服务、农民技能培训三个体系，扩大试验示范规模，加快实现科学研究、实验开发、推广应用三级跳，推进科技成果转化应用。

二是开展全国农业科技现代化先行县建设，推动县域经济发展。县域是实现产业振兴、推动一二三产业融合发展的基本单元，是技术组装配套、熟化转化的主战场。通过共建全国农业科技现代化先行县，探索构建科技支撑引领乡村全面振兴和农业农村现代化的新机制新模式。整合科技成果。立足地方资源禀赋和比较优势，聚焦县域主导产业技术短板，将产业链各环节关键技术进行适应性熟化配套集成，做到良种良法配套、农机农艺结合、生产生态协调，形成全产业链综合技术解决方案。打通转化渠道。加强与农技推广、农民教育体系对接，通过联合建基地、办培训、搞展示，做给农民看、带着农民干，推动建立当地企业、新型经营主体和广大农户的利益联结机制，让科技红利变成产业红利，让产业效益变成农民收益。塑造示范样板。通过新技术的县域集成示范，引导科技、人才、资本、信息等要素向县域集聚，讲好具有科技含量的真故事、好故事，打造特色品牌，建设可复制可推广的科技引领示范样板，为大面积推广科技成果提供可靠借鉴。

三是强化农业科技创新平台建设，推动产学研深度融合。加快农业科技与产业经济融合，推动"研学产"变"产学研"，推进科技第一生产力向现实生产力转化。搭建协同攻关平台。围绕农业基础性、区域性、行业性的重大关键需求，建设一批产业特色明显、各类要素集聚、示范带动有力的国家农业科技创新联盟，搭建科技资源条件共建共享、重大产业问题协同攻关平台。搭建科企融合平台。聚焦种业，大力提升企业技术创新能力，推动建立面向创新要素、创新主体、产业应用和创新网络的科企创新联合体和新型研发机构，着力打造创新能力强、带动能力强、竞争能力强的涉农科技引领型企业。搭建区域科创平台。建设国家现代农业产业科技创新中心，集聚高水平科研团队、高科技企业、高质量基金、高转化性成果，推动关键技术集成、关联企业集中、创新要素集聚、优势产业集群，打造一批"农业硅谷"和区域经济增长极。

26. 如何推进农业机械化全程全面发展？

没有农业机械化，就没有农业农村现代化。我国农作物耕种收综合机械化率已经超过71％，农业机械化在农业生产中集成技术、节本增效、提质减损、增产增收等方面的作用越来越突出，广大农民和农业产业对农机应用的依赖越来越明显。推进农业机械化全程全面发展，要以农机农艺融合、机械化信息化融合、农机服务模式与农业适度规模经营相适应、机械化生产与农田建设相适应为路径，以科技创新、机制创新、政策创新为动力，补短板、强弱项、促协调，为实现农业农村现代化提供有力支撑。

一是加快粮棉油糖主要作物生产全程机械化。实施主要农作物全程机械化推进行动，围绕水稻机械化种植（机播、机抛）、马铃薯机种机收、夏大豆免耕播种、甘蔗机收、棉花机采等薄弱环节和适宜稻区再生稻、西南丘陵山区玉米和马铃薯等生产机械化，强化农机、农艺、品种集成配套，加强技术试验示范，总结推广高效机械化解决方案。提升耕种收与高效植保、产地烘干、秸秆处理等环节机械化作业配套水平，"以评促建"推出一批整体推进示范县。

二是推进特色作物和畜牧水产养殖等产业全面机械化。以优势区域为重点，突出典型甘蓝类、小叶类、根茎类蔬菜生产基地和标准果园茶园，以及中药材、食用菌、热作、杂粮规模种植基地，开展全程机械化技术试验示范，发布一批典型案例。推动设施种植主要品种生产全程机械化技术装备体系建设。示范推广精准饲喂、智能环控、疫病防控、高效粪污资源化利用、病死畜禽无害化处理、水质净化处理等高效专用技术装备，推进主要畜种规模化养殖全程机械化，构建水产绿色养殖全程机械化体系。"十四五"创建 300 个左右设施农业和规模养殖全程机械化示范县。推进机械化助力农产品初加工转化增值，提高烘干清理、储藏保鲜、磨制压榨、切分粉碎、分级包装等重要环节机械化水平。

三是发展农机社会化服务。培育壮大农机大户、农机专业户以及农机合作社、农机作业公司等新型农机服务组织，开展生产托管，发展多种形式适度规模经营。推进农机服务机制创新，发展"全程机械化+综合农事"服务新业态，鼓励农机服务主体在开展农机作业服务的同时，积极为周边农户提供农资统购、技术培训、信息咨询、农产品销售对接等"一站式"综合服务。

四是改善农机作业基础条件。提高农机作业便利程度，推动农田地块小并大、短并长、陡变平、弯变直和互联互通，切实改善农机通行和作业条件，重点支持丘陵山区开展农田"宜机化"改造，提高农机适应性。改善农机作业配套设施条件，支持建设烘干机塔、水稻育秧、机具库棚等农机作业服务配套设施。

五是加大农机化扶持政策支持。紧盯农业产业发展需求，分区域、分产业、分品种、分环节摸清农业机械短板，组织制定技术装备需求目录，协调加大研制投入，增加实用高效机具有效供给。稳定实施农机购置补贴政策，支持农民购置使用先进适用农业机械，夯实全程全面机械化的装备基础。推动扩大农机作业补贴范围，积极支持重点区域关键薄弱环节作业服务，加快绿色高效机械化生产方式应用。推动创新农机金融保险服务，支持将大型农机装备纳入农村资产抵押担保融资范围，支持开展农机综合保险。

27. 如何加强基层农技推广服务体系建设？

农技推广队伍是"三农"工作队伍的组成部分，是实施乡村振兴战略的人才保障。国家高度重视农技推广工作，持续推进基层农技推广体系改革与建设，取得积极成效。

一是强化基层农技推广能力建设。支持农技推广体系建设，从2012年起国家每年安排专项经费支持基层农技推广体系改革与建设，项目已基本覆盖全国农业县。加强基层农技推广队伍建设，支持有条件的地区通过"定向招生、定向培养、定向就业"的方式，吸引大学生进入基层农技推广队伍，通过分层分类培训、提升在职学历等措施培育农技推广的骨干力量。开展星级农技推广服务站遴选建设，支持建设长期稳定的试验示范基地，2020年4月农业农村部在全国遴选了110个国家现代农业科技示范展示基地。

二是深化基层农技推广体系改革。支持基层农技人员在履行好岗位职责、完成本职工作的前提下，进入家庭农场、农民合作社、农业产业化龙头企业等新型经营主体，开展多种形式的增值服务，并获取合理报酬。"探索公益性和经营性农技推广融合发展机制，允许农技人员通过提供增值服务合理取酬"等内容写入 2018 年中央 1 号文件。鼓励农业科技社会化服务组织发展，2020 年多部门联合印发的《关于加强农业科技社会化服务体系建设的若干意见》中明确，"鼓励企业牵头组织各类产学研联合体研发和承接转化先进、适用、绿色技术，引导企业根据自身特点与农户建立紧密的利益联结机制，探索并推广'技物结合''技术托管'等创新服务模式"。

三是创新农技推广服务方式方法。实施农业重大技术协同推广计划，针对区域性农业主导产业、特色产业发展需求，以推广、科研"双首席"为核心，推动省、市、县多层级联动，形成农技推广机构、科研教学单位、新型农业经营主体、经营性服务组织等合理分工、高效协作的强大合力。实施农技推广服务特聘计划，通过购买服务等方式，从乡土专家、种养大户、新型农业经营主体技术骨干、一线农业科研人员中遴选 4200 多名特聘农技员、8800 多名特聘防疫员，在基层从事农技推广公共服务，助力乡村产业发展。加快农技推广信息化建设，健全县乡村公益性农技推广服务网络，不断拓展中国农技 App、公众号、WEB 端"三位一体"的信息平台服务功能，实现农技人员线上线下快速反应、准确服务。

28. 如何加快发展农业社会化服务？

大国小农是我国的基本国情农情。人均一亩三分地、户均不过十亩田，是我国农业发展需要长期面对的现实。发展农业社会化服务，可以通过服务组织把先进适用的品种、技术、装备等现代生产要素导入农业生产中，更好地引领小农户进入现代农业发展轨道，推进农业生产过程的专业化、标准化、集约化，以服务过程的现代化推进农业现代化，这是实现中国特色农业现代化的必然选择。加快发展农业社会化服务，要以培育农业服务业战略性大产业为目标，以聚焦农业生产薄弱环节和服务小农户为重点，按照引导、推动、扶持、服务的思路，大力培育服务主体，积极创新服务模式，着力拓展服务领域，加快推进资源整合，逐步完善支持政策，发展多元化、多层次、多类型的农业社会化服务，促进小农户和现代农业有机衔接，为全面推进乡村振兴、加快农业农村现代化提供有力支撑。

一是加快培育服务主体。按照主体多元、竞争充分、功能互补、融合发展的要求，加快培育专业服务公司、服务型农民合作社、农村集体经济组织、服务专业户等各类服务组织，充分发挥各自优势，促进联合合作、协同发展。同时，引导各类服务主体与社会机构加强联合合作，发展服务联合体、服务联盟等，打造覆盖农业全产业链的新型服务组织体系。

二是创新服务方式。鼓励服务主体积极创新服务模式和组织形式，大力发展多样化、专业化服务，有效满足多层次、多类型的服务需求。要把农业生产托管作为推进农业社会化服务、发展服务带动型规模经营的重要方式，因地制宜发展单环节、多环节、全程生产托管，不断扩大服务小农户的覆盖面。大力推广基层行之有效的"服务主体＋农村集体经济组织（或农民合作社）＋农户""服务主体＋金融＋农户"等组织形式，以土地、资金、服务等要素为纽带，形成风险共担、利益共享的紧密型联结关系。

三是拓展服务领域。坚持需求导向，围绕粮棉油糖等重要农产品生产现代化，重点对先进适用品种和技术集成、生产过程中种植与收获、产后烘干仓储能力提升等关键薄弱环节进行服务，加大支持引导力度，促进农业提质增效、绿色发展。在此基础上，引导服务主体积极开辟新的服务领域，探索开展社会化服务的有效方法路径，推动服务范围从粮棉油糖等大宗农作物向果菜茶等经济作物拓展，从种植业向养殖业等领域推进，从产中向产前、产后等环节及金融保险等配套服务延伸，不断提升社会化服务对农业全产业链及农林牧渔各产业的覆盖率和支撑作用。

四是推进资源整合。按照资源共享、填平补齐的要求，重点盘活现有存量设施、装备、技术、人才及各类主体，通过建设信息化服务平台、区域性全产业链综合服务中心等多种方式，充分挖掘服务潜能，提高资源配置效率，实现更大范围的服务资源整合、供需有效对接，促进资源集约、节约和高效利用。

五是完善支持政策。加大对农业社会化服务的财政支持力度，指导各地合理确定当地重点支持的服务环节、服务内容和服务形式，形成支持的优先序。落实对农业机耕、排灌、病虫害防治、植物保护、农牧保险以及相关技术培训业务免征增值税等税收优惠政策。加强金融创新，鼓励创设支持农业生产托管的金融产品，推动各类农业社会化服务平台与金融机构、政府性融资担保机构加强信息和数据互联互通。推进政策性保险和商业保险在农业社会化服务领域的应用。落实设施农业用地政策，切实保障服务主体的合理用地需求。

29. 如何推进家庭农场发展？

家庭农场以家庭为基本经营单元，从事农业规模化、标准化、集约化生产经营，是现代农业的重要经营方式。党中央、国务院高度重视家庭农场培育，习近平总书记多次作出重要指示，强调要突出抓好家庭农场和农民合作社两类农业经营主体发展。各级各部门深入贯彻党中央、国务院决策部署，积极引导扶持农林牧渔等各类家庭农场发展，取得了初步成效，家庭农场快速成长，产业经营更加多元，发展模式更加多样，经营效益稳步提升，在巩固和完善农村基本经营制度、促进现代农业发展、推动乡村全面振兴等方面发挥了重要作用。推进家庭农场高质量发展，要坚持"农户主体、规模适度、市场导向、因地制宜、示范引领"的要求，深入实施家庭农场培育计划，建立健全指导服务机制，完善政策支持体系，加快培育一批规模适度、生产集约、管理先进、效益明显的家庭农场，为加快农业农村现代化提供有力支撑。

一是加强名录管理。完善家庭农场名录信息，逐步规范数据采集、运行分析，为指导家庭农场发展提供基础支撑。开展家庭农场"一场一码"赋码试点，探索建立家庭农场"一码通用"管理服务机制。

二是强化典型引领。支持有条件的小农户成长为家庭农场，引导以家庭农场为基础组建农民合作社，扩大生产经营规模，提高统一服务水平，增强市场竞争能力。鼓励各地开展示范家庭农场创建，引导家庭农场在发展适度规模经营、应用先进技术、实施标准化生产、延伸产业链条以及带动小农户发展等方面发挥带动作用。鼓励地方开展家庭农场示范县创建，探索整县提升家庭农场发展质量的路径方法。总结推介家庭农场高质量发展的先进经验和模式，树立一批可看可学的家庭农场典型样板。

三是利用社会力量赋能。运用市场机制，坚持优势互补、互利共赢的原则，组织动员企业、社团等社会力量，为家庭农场提供全产业链支持服务。鼓励各类人才创办家庭农场，开展家庭农场经营者培训。支持家庭农场承担农产品仓储保鲜冷链物流设施建设、高标准农田建设等涉农项目建设和管护任务。

四是创新辅导服务。建立新型农业经营主体辅导员队伍，拓宽选聘渠道，面向乡土能人、大学生、返乡创业人员、优秀家庭农场负责人等人才，培育发展辅导员，对家庭农场培育发展给予指导。鼓励创建新型农业经营主体服务中心，采取择优遴选、挂牌委托、购买服务、备案管理等办法，依托社会组织、行业组织为家庭农场提供市场拓展、金融保险对接、财务管理、政策咨询、交流培训等服务。

30. 如何推进农民合作社发展？

农民合作社是广大农民群众在家庭承包经营基础上自愿联合、民主管理的互助性经济组织。经过多年不懈努力，农民合作社数量快速增长，产业类型日趋多样，合作内容不断丰富，服务能力持续增强，已成为实现小农户和现代农业发展有机衔接的中坚力量。从发展规律来看，农民合作社发展已经进入转型升级的关键阶段，推进农民合作社发展，要切实贯彻落实党中央、国务院的决策部署，以农民合作社高质量发展为主线，以组织和服务农民为目标，坚持在发展中规范、在规范中提升，加强示范引领，优化政策扶持，强化指导服务，促进农民合作社内强素质、外强能力，成为建设现代农业的主力军。

一是引导农民合作社规范发展。指导农民合作社规范组织行为，强化财务管理，社务公开，成员（代表）大会、理事会、监事会

"三会"机构运转有效。引导农民合作社完善收益分配和盈余返还机制，密切与小农户成员的利益联结。发展农民合作社办公司，延伸产业链条，鼓励农民合作社依法向从事相关产业的公司等企业投资，以其出资额为限对所投资企业承担责任。

二是加强试点示范引领。用好示范社、农民合作社质量提升整县推进试点、典型案例"三大抓手"。抓示范社创建，深入推进国家级、省级、市级、县级示范社四级联创，树立一批运行规范、带动力强的农民合作社排头兵。抓农民合作社质量提升整县推进试点，围绕发展壮大单体合作社、促进联合合作、提升县域指导服务水平三个方面，打造农民合作社高质量发展的县域样板。抓典型案例引领，总结推介农民合作社因地制宜探索发展的实践经验，促进成熟的经验方法进一步推广。

三是利用社会力量赋能农民合作社发展。向市场要资源，按照借船出海、借力做大、优势互补、互利共赢的原则，择优选取社会主体与农民合作社有序开展合作，帮助农民合作社解决产品销售、品牌培育、融资贷款等共性问题，将社企对接引向深入。

四是提高农民合作社再组织化程度。引导农民合作社组建联合社、行业联盟等，推动形成农资采购、服务需求、产品供给的规模优势，增强市场话语权和竞争力，建立行业自律规范，切实保护农民合作社的合理利益。

五是强化指导扶持服务。引导以家庭农场为成员组建农民合作社，扩大生产经营规模，提高统一服务水平，增强市场竞争能力。贯彻落实农民专业合作社法，加强农民合作社基础性制度建设，落实农民合作社扶持政策，支持农民合作社承担农产品仓储保鲜冷链物流设施建设工程、高标准农田建设等涉农项目建设和管护任务。

在继续从基层农经队伍中选聘农民合作社辅导员的基础上，积极拓宽选聘渠道，面向乡土专家、大学生村官、返乡创业人员、农民合作社带头人等人才培养发展辅导员，对农民合作社民主管理、市场营销等给予指导。鼓励各地探索创新农民合作社服务中心建设方式，采取择优遴选、挂牌委托、购买服务、备案管理等办法，支持农民合作社联合社、联合会等各类主体创建服务中心，规范服务标准，提供公共服务，强化监督管理。

31. 如何加强农作物重大病虫害防控？

病虫害不仅影响农作物产量，而且影响品质，是影响农作物高产稳产的主要障碍因素。加强农作物病虫害防控，要以稳粮保供和农业高质量发展为中心，牢固树立"公共植保、绿色植保"理念，健全植保体系，实施植物保护能力提升工程，提升重大病虫害防控服务能力，为保障国家粮食安全、农产品质量安全和生态环境安全提供有力支撑。

一是加强公共植保服务体系建设。根据《中华人民共和国农业技术推广法》《中华人民共和国生物安全法》和《农作物病虫害防治条例》等法律法规要求，推进公益性植保机构体系建设，建立健全国家、省、市、县四级完善的植物保护体系，配备一定数量的植保人员，重点农业乡镇至少配备 1 名植保专业人员。加强基层植保技术人员培训，不断提升其业务能力。积极组织实施好动植物保护能力提升工程等项目，加快构建自动化、智能化监测网络体系，提升绿色防控物资生产和保供能力，组建应急队伍，完善应急机制，加快补齐监测预警、绿色防控和应急处置能力等短板。提高人员待遇，改善工作条件，为他们干事创业解决后顾之忧。

二是推进农作物病虫害绿色防控。结合《农作物病虫害防治条例》实施，大力开展绿色防控专题宣传，推广绿色防控的技术措施、典型做法和重要经验，提高全社会及广大农户对绿色防控的认识。加强绿色防控技术集成，按区域、按作物、按产品，集成配套全程绿色防控技术模式，推动绿色防控实用化。加大绿色防控技术标准制定，以标准化引领绿色防控产品升级。加强绿色防控示范创建，在全国组织创建一批绿色防控示范县，引导各地整县推进绿色防控工作。推进绿色防控与专业化防治服务融合发展，加强行政推动，不断扩大绿色防控覆盖率。

三是推进病虫害专业化统防统治。通过政府购买服务、资金补助、物资扶持、技术指导、评优推荐等方式扶持防治服务组织的发展。充分发挥专业化防治组织的应急防控能力，在水稻"两迁"害虫、小麦条锈病、赤霉病等暴发性病虫防控关键期，作为当地政府组织开展应急防控处置主要依靠力量。加大研发力度，开发出适合我国病虫害防治和作物种植特点的高效、对靶性强、农药利用率高、质优价廉的植保机械，实现农机农艺有机融合。

四是加强科学安全用药技术示范推广。落实农药减量化要求，以作物全生育期病虫害防控为主线，开展绿色化、轻简化、精准化防控技术试验示范，提高关键核心技术的应用效果，促进农药减量增效。因地制宜试验示范新型生物农药、高效环保型农药，有效替代高毒、高残留及已产生高水平抗性的老旧农药品种。推广种子处理、带药移栽、土壤消毒等早期预防性措施，提升精准施药技术水平。组织开展自走式喷杆喷雾机、风送式喷雾机、植保无人机等新型专用施药机械试验示范，提高对靶施药精度，提高防治效果。

32. 如何加强动物疫病防控?

国家对动物疫病实行预防为主的方针,要加强对动物防疫工作的统一领导,建立健全动物防疫体系,加强对动物防疫活动的管理,预防、控制和扑灭动物疫病,促进养殖业健康发展,保护人体健康,维护公共卫生安全。当前,我国重大疫病风险、外来动物疫病传入风险居高不下。与之不适应的是,动物防疫工作机构队伍薄弱、能力建设滞后。要坚持立足当前、着眼未来、适度超前,尽快补齐短板,提升战略应对能力。

一是提高兽医体系效能。要重点理顺动物检疫、监督执法与技术支撑机构之间的关系。加强基层监督执法、防疫、检疫和兽医服务力量。持续推进新型兽医制度建设,按照专业化、市场化、多元化的原则,鼓励发展动物防疫服务队、合作社等多种形式的服务机构。巩固中央、省、市、县四级动物疫情监测预警网络,实施"互联网+"监管,提升应急处置能力。

二是提升防疫检疫监督管理水平。实行以动物防疫条件、生物安全管理、疫病净化和监督监测为基础的养殖场风险分级管理制度。建立健全指定兽医专业人员辅助官方兽医开展检疫工作机制。完善动物检疫制度和技术标准。提高全链条兽医卫生监管服务信息化水平。

三是强化兽医公共卫生安全保障能力。以布鲁氏菌病、奶牛结核病、包虫病等人兽共患病防治为重点,坚持和完善以免疫、检测、扑杀、风险评估、区域化防控、流通调运监管等措施为主的综合防控策略,因地制宜地采取针对性的防治措施,降低疫病发生、传播风险。推进无疫区和无疫小区建设。加强动物源细菌耐药性监测。

33. 为什么农产品供应既要保数量又要保多样、保质量?

确保国家粮食安全和重要农副产品有效供给，是治国理政的头等大事，也是加快农业农村现代化的首要任务。保供是农业农村工作的永恒主题，新发展阶段要努力实现高质量保供，既要保数量，也要保多样、保质量。

保数量是确保国家粮食安全的首要任务。当前粮食等重要农产品供给总体还是紧平衡，未来一个时期结构性矛盾还会凸显，必须不断筑牢粮食安全的基础，以国内稳产保供的确定性来应对外部环境的不确定性。要全力夯实"藏粮于地、藏粮于技"物质基础，稳住面积、主攻单产。同时，构建好"辅之以利、辅之以义"的保障机制。粮猪安天下，要抓住猪场、能繁母猪和大省大县大企业，研究探索生猪产能储备的政策措施和具体办法，采取多种手段，确保猪肉产能稳定。

保多样是满足消费者对丰富多样农产品需求的应有之义。近年来，经济社会快速发展，人民生活水平大幅提高，城乡居民对农产品的需求呈现出个性化、多样化的特点。适应这一新变化，农业生产需要在保数量的同时，优化生产结构，保证农产品的多样化。要根据市场供需变化和区域比较优势，调整优化农业生产结构、区域布局和产品结构，统筹抓好棉油糖、肉蛋奶、果菜鱼等重要农副产品生产，一个品种一个品种制定并落实好保供方案，提高供给体系的适配性。同时，继续用好"两个市场、两种资源"，通过适当进口调剂余缺，提高关键物流节点掌控能力，增强供应链稳定性可靠性和韧性。

保质量是顺应人民对美好生活新期待的重要任务。总体上人民对美好生活的向往已从"有没有"转向"好不好"，农产品供给的思路也应随之转变。要坚持质量兴农、绿色兴农、品牌强农，增加优质绿色和特色农产品供给。重点是抓好两个"三品一标"。在产品方面，大力发展绿色、有机、地理标志农产品生产，推行食用农产品达标合格证制度。在生产方式上，要推动品种培优、品质提升、品牌打造和标准化生产，提高质量效益和竞争力。

34. 推进实施农业生产"三品一标"提升行动的主要内容有哪些?

深入推进农业供给侧结构性改革，推动品种培优、品质提升、品牌打造和标准化生产，这顺应了人民对美好生活的新期待，也为推进农业高质量发展指明了方向。适应消费结构升级的需要，增加绿色优质和特色农产品的供给，2021年农业农村部启动实施农业生产"三品一标"提升行动，深入推进品种培优、品质提升、品牌打造和标准化生产。

一是推进品种培优。发掘优异种质资源，筛选一批绿色安全、优质高效的种质资源材料。提纯复壮地方特色品种，采取品种选择、比较试验、原种繁殖等技术措施，加快提纯复壮一批大豆、小麦、生猪等农作物与畜禽良种。选育高产优质突破性品种，启动重点种源关键核心技术攻关和农业生物育种重大科技项目，落实新一轮畜禽水产遗传改良计划，自主培育一批突破性绿色品种。加强良种繁育基地建设，加快推进南繁硅谷和甘肃玉米、四川水稻、黑龙江大豆等国家级育制种基地建设，在适宜地区建设一批优质作物和畜禽水产良种繁育基地。

二是推进品质提升。推广优良品种，推广强筋弱筋优质小麦、高蛋白高油玉米、优质粳稻籼稻、高油高蛋白大豆等良种，提升粮食营养和品质。推广一批生猪、奶牛、禽类、水产和优质晚熟柑橘、特色茶叶、优质蔬菜、道地中药材等良种，提升"菜篮子"产品质量。净化产地环境，推进南方土壤酸化、北方土壤盐渍化、东北黑土退化、耕地土壤重金属污染治理修复，提高土壤地力，以清洁的产地环境生产优质的农产品。推广绿色生产方式，集成创新一批土壤改良培肥、节水灌溉、精准施肥用药、废弃物循环利用等绿色生产技术和农机装备，推广应用绿色投入品和病虫绿色防控技术产品，促进优质农产品生产。构建农产品品质评价标准体系，分行业分品种筛选农产品品质核心指标，推动农产品分等分级和包装标识。

三是推进品牌打造。构建农业品牌体系，建立品牌标准体系，打造一批地域特色突出、产品特性鲜明的区域公用品牌，鼓励龙头企业打造知名度高、竞争力强的企业品牌，培育一批"大而优""小而美"的农产品品牌。完善品牌发展机制，健全农业品牌目录制度，建立农业品牌评价体系，完善评价和退出机制，强化农业品牌监管，实行动态管理，加大对冒牌、套牌和滥用品牌的惩处力度。开展品牌宣传推介活动，挖掘和丰富品牌内涵，培育品牌文化，讲好农业品牌故事，利用农业展会、产销对接会、电商等平台促进品牌营销，增强农业品牌知名度、美誉度和影响力。

四是推进标准化生产。建立全产业链农业绿色发展标准体系，加快产地环境、投入品管控、农兽药残留、产品加工、储运保鲜、分等分级关键环节标准制修订。开展全产业链标准化试点，建设现代农业全产业链标准化基地，培育一批农业企业标准"领跑者"。实施农业标准化提升计划，推动新型农业经营主体按标生产，培育一批家庭农场和农民合作社，扶持一批农业产业化龙头企业，带动农业大规模标准化生产。培育一批多元化专业化农业社会化服务组织，开展代耕代种、统防统治、烘干收储等社会化服务，推动农业生产专业化、标准化、集约化。

35. 如何根据当地特色打造农产品区域公共品牌?

"十三五"以来，党中央、国务院大力推动品牌强国战略，我国农业品牌建设力度空前，发展进程加速，受到全社会高度关注。在各级政府、行业协会和市场主体的积极探索与共同推动下，加强农业品牌建设已形成广泛共识，农业品牌政策体系逐步完善，发展基础日益夯实，推进机制不断发展，营销推介创新有力，农业品牌溢价效应逐步显现，形成了全国推进、多点突破、全面开花的发展格局，一批特色鲜明、质量过硬、信誉可靠的农业品牌深入人心。农产品区域公用品牌一般由"产地名＋产品名"构成，原则上产地应为县级或地市级，并有明确生产区域范围。各地要按照"打造一个品牌、带活一个产业、富裕一方农民"的思路，依托资源优势，突出规划引领，统筹推进品牌工作，带动特色产业快速发展。

在打造农产品区域公用品牌时，要坚持特色与标准相结合的原则，立足资源禀赋和产业基础，充分发挥标准化的基础保障、技术引领、信誉保证作用，突出区域农产品的差异化优势，以特色塑造品牌的独特性，以标准确保品牌的稳定性。同时注重构建农业品牌体系。结合资源禀赋、产业基础和文化传承等因素，制定具有战略性、前瞻性的品牌发展规划。培育差异化竞争优势的品牌战略实施机制，构建特色鲜明、互为补充的农业品牌体系，提升产业素质和品牌溢价能力。建设和管理农产品区域公用品牌是各级政府的重要职责，以县域为重点加强品牌授权管理和产权保护，有条件的地区要与特色农产品优势区建设紧密结合，一个特优区塑强一个区域公用品牌。结合粮食生产功能区、重要农产品生产保护区及现代农业产业园等园区建设，积极培育粮棉油、肉蛋奶等"大而优"的大宗农产品品牌。以新型农业经营主体为主要载体，创建地域特色鲜明"小而美"的特色农产品品牌。农业企业要充分发挥组织化、产业化优势，与原料基地建设相结合，加强自主创新、质量管理、市场营销，打造具有较强竞争力的企业品牌。

此外，还应将品质作为品牌发展的第一要义，坚持市场导向、消费者至上，把安全、优质、绿色作为不断提升产品和服务质量的基本要求，加强绿色、有机和地理标志认证与管理，强化特色农业品牌原产地保护；建立地方特色农业品牌目录制度，组织开展地方特色品牌目录标准制定、品牌征集、审核推荐、评价认定和培育保护等活动，发布地方特色品牌权威索引，引导社会消费；不断丰富地方特色品牌内涵，积极促进农业品牌与当地农业非物质文化遗产、民间技艺、乡风民俗、美丽乡村建设深度融合，增强品牌文化底蕴，树立品牌自信，讲好品牌故事，培育具有强大包容性和中国特色的农业品牌文化。

各级政府要深刻认识品牌强农的重要意义，以质量第一、品牌引领为工作导向，将此纳入重要议事日程，持续发力、久久为功，推动农业高质量发展；整合涉农资金，集中力量支持农业品牌建设的重点区域和关键环节；鼓励和支持各地采用多种方式强化宣传推介，营造全社会发展品牌、消费品牌、保护品牌的良好氛围；增强市场主体服务意识、提升服务水平，鼓励支持行业协会、品牌主体等开展标准制定、技术服务、市场推广、业务交流、品牌培训等业务，建立完善的品牌社会化服务体系。

36. 如何促进农村一二三产业融合发展？

农村一二三产业融合发展是跨界配置农业与现代产业要素、催生新产业新业态新模式的新型经营方式，是乡村产业发展的重要路径和重大趋势。要开展主体跨界融合、要素跨界配置、业态跨界创新、利益跨界共享，推动政策集成、要素集聚、企业集中、功能集合，贯通产加销，融合贸工农，促进农村一二三产业融合发展。

一是培育融合主体。壮大龙头企业队伍，认定一批经济实力强、联农带农紧的国家重点龙头企业，引导各地培育一批省、市、县级龙头企业，形成"四级联动"发展格局。实施家庭农场培育计划，开展农民合作社规范提升行动。鼓励发展农业产业化龙头企业带动、农民合作社和家庭农场跟进、广大小农户参与的农业产业化联合体，壮大融合骨干力量，把就业岗位留在农村。支持发展县域范围内产业关联度高、辐射带动力强、多种主体参与的融合模式，实现优势互补、风险共担、利益共享。

二是丰富融合业态。引导经营主体聚焦农业两头、生产两端，跨界配置农业和现代产业要素，促进产业深度交叉融合。以加工流通带动业态融合，支持各地发展中央厨房、直供直销、会员农业等业态。以功能拓展带动业态融合，重点发展农业与文化、旅游、教育、康养等文旅产业，积极发展创意农业、亲子体验、功能农业等业态。以信息技术带动业态融合，发展数字农业、智慧农业、可视农业等业态。

三是搭建融合载体。立足县域资源禀赋，突出主导产业，大力实施农业产业融合发展项目，建设一批农业产业强镇、现代农业产业园和优势特色产业集群，构建以产业强镇为基础、产业园为引擎、产业集群为骨干、省县乡梯次布局、点线面协调推进的融合发展格局。创建一批农村产业融合发展示范园，实现多模式融合、多类型示范。

四是完善融合机制。积极发展企农契约型、利益分红型、股份合作型融合模式，将资源要素在农村进行整合，引导融合主体通过订单生产、股份合作、产销联动、利润返还等多种紧密利益联结机制，让农民更多分享产业链增值收益。

37. 如何推进脱贫地区特色产业可持续发展？

产业发展是脱贫地区巩固脱贫攻坚成果、接续推进乡村全面振兴的根本之策和长远之计。推进脱贫地区特色产业可持续发展，要坚定不移贯彻新发展理念，落实高质量发展要求，坚持共同富裕方向，顺应产业发展规律，强化创新驱动，加大政策扶持，健全产业链条，补齐要素短板，注重长期培育和支持，拓展产业增值增效空间，创造更多就业增收机会，促进内生可持续发展，为实现巩固拓展脱贫攻坚成果同乡村振兴有效衔接提供有力支撑。

一是实施特色种养业提升行动。组织脱贫地区依托资源优势和产业发展基础，编制"十四五"特色产业发展规划，优化产业布局，培育壮大主导产业。推进特色种养业品种培优、品质提升、品牌打造和标准化生产，统筹发展农产品初加工、精深加工和综合利用加工，因地制宜发展特色食品、制造、手工业等乡土产业，深入发展农村电子商务，发展乡村旅游、休闲农业、文化体验、健康养老等新产业新业态，拓展农业功能价值，把增值收益更多留在县域。每个脱贫县选择1—2个主导产业，建设农产品加工园区和农业产业园区，促进特色产业全产业链发展，形成"一业一园"格局。

二是稳定并加强特色产业扶持政策。中央财政衔接推进乡村振兴补助资金、涉农整合资金、中央财政相关转移支付、东西部协作、对口支援、定点帮扶等资金重点支持特色产业发展。调整完善针对脱贫人口的小额信贷政策，鼓励和引导金融机构为脱贫地区新型农业经营主体发展产业提供信贷支持。扩大中央财政对地方优势特色农产品保险以奖代补试点范围。过渡期内专项安排脱贫县的年度新增建设用地计划指标，优先保障特色产业用地需要。建立脱贫地区特色产业发展项目库，入库项目由支持种养环节向支持全产业链开发转变。优化产业项目管理，建立健全农业农村部门牵头、相关部门参与的特色产业发展项目管理机制。

三是提高特色产业发展服务支撑水平。广泛开展农产品产销对接活动，大力实施消费帮扶，加强农产品流通设施建设，推动农产品流通企业、电商、批发市场与脱贫地区特色产业精准对接。组织农业科研教育单位、产业技术体系专家等开展产业帮扶，继续在脱贫县设立产业技术专家组，全面实施农技推广特聘计划，建立产业技术顾问制度。将新型经营主体扶持与联农带农效果紧密挂钩，对带动脱贫人口稳定增收的龙头企业继续给予认定与扶持，形成企业、合作社和脱贫户、小农户在产业链上优势互补、分工合作的格局。把产业发展作为防止返贫动态监测的重要内容，脱贫县定期开展特色产业发展风险评估，完善防范和处置风险的具体措施。

四是强化特色产业发展组织保障。落实中央统筹、省负总责、市县乡抓落实的工作机制，强化部门间政策和工作协同，省级制定出台推进特色产业可持续发展的文件，脱贫县落实主体责任、强化措施落实。保持工作队伍稳定，对产业发展落后、集体经济薄弱的村，优先选派驻村第一书记和工作队，明确产业发展帮扶职责。把脱贫地区特色产业可持续发展作为市县党政领导班子和领导干部推进乡村振兴实绩考核的重要内容，完善脱贫地区特色产业发展信息系统，强化特色产业发展考核调度。加强脱贫地区特色产业发展支持政策解读和业务培训，总结推广脱贫地区特色产业发展经验做法和典型范例，持续开展产业发展领域形式主义、官僚主义问题治理，营造良好发展氛围。

38. 如何推进畜牧业高质量发展？

畜牧业是关系国计民生的重要产业，肉蛋奶是百姓"菜篮子"的重要品种。近年来，我国畜牧业综合生产能力不断增强，肉蛋奶年总产量稳定在 1.4 亿吨以上，在保障国家粮食安全、繁荣农村经济、促进农牧民增收等方面发挥了重要作用。但发展质量效益不高、支持保障体系不健全、抵御风险能力偏弱等老问题尚未得到有效解决，同时又面临着资源约束趋紧、重大动物疫病风险和威胁加大等新情况，畜产品稳产保供基础仍然不牢靠。推进畜牧业高质量发展，需要重点抓好"稳供给、防风险、促转型"三方面工作。

一是抓好畜产品有效供给。稳生猪，落实生猪稳产保供省负总责要求，保持用地、环保、贷款和保险等长效性政策稳定，健全生猪生产逆周期调控机制，压实生猪产能分级调控责任，及时发布预警信息，加强生产引导，确保猪肉自给率保持在95%左右。增牛羊，着力增加基础母畜数量，指导草原牧区推广舍饲半舍饲养殖，北方地区推进种养结合和全产业链发展，南方地区发展当地特色牛羊品种养殖，确保牛羊肉自给率保持在85%左右。强禽业，利用家禽生产周期短、饲料转化率高的特点，推进规模化集约化生产，提高禽肉占比，顺应消费需求，减轻资源环境压力，确保禽肉和禽蛋实现基本自给。兴奶业，加快奶业优势区发展，培养优质品牌，建立健全养殖、加工、流通等全过程乳品质量安全追溯体系，强化饲草料生产和奶牛养殖衔接，确保奶源自给率保持在70%以上。

二是防范化解动物疫病和畜产品质量安全风险。强化监测报告，全面开展监测和风险评估，科学研判疫情形势，及时准确报告动物疫情。构建免疫屏障，落实强制免疫制度，确保畜禽免疫抗体合格率保持在70%以上。严格源头防治，加强牛羊布病、炭疽等人畜共患病防治，前移关口，人病兽防，从源头阻断疫病传播路径。打造监管闭环，强化产地检疫和屠宰检疫，实施重大动物疫病分区防控，阻断疫病跨区域传播。提升专业能力，理顺基层动物疫病防控体制机制，明确机构定位，保障工作条件，夯实基层基础。强化质量监管，健全畜产品质量安全监管工作机制，加强兽用抗菌药物综合治理和专项治理，提高养殖场（户）安全用药意识和能力。

三是促进畜牧业转型发展。健全饲草料供应体系，继续推进粮改饲行动，增加全株青贮玉米种植，提高苜蓿、燕麦草等紧缺饲草自给率。推动饲草料专业化生产，加强饲草料加工、流通、配送体系建设。调整优化饲料配方结构，促进玉米、豆粕减量替代。建立现代化养殖体系，加快优良品种推广和应用，提升畜牧业机械化水平，建设一批畜禽养殖标准化示范场，带动中小养殖户专业化生产。建立现代化流通体系，规范活畜禽跨区域调运管理，推动畜禽就地屠宰，完善冷链配送体系，促进运活畜禽向运肉转变。推动绿色低碳循环发展，统筹畜牧生产和环境保护，继续支持畜禽粪污资源和利用整县推进项目，强化农牧协同发展，因地制宜推广粪肥还田利用模式，建立长效运行机制。

39. 如何推进渔业高质量发展？

新阶段推进渔业高质量发展，要坚持党的全面领导，坚持人民主体地位，立足新发展阶段，贯彻新发展理念，构建新发展格局，在服务乡村振兴的大局中找准渔业定位，发挥渔业作用。必须把保障水产品供给作为第一要务，保数量、保多样、保质量。统筹生产、生态、生活，实现渔业高质高效、渔区宜居宜业、渔民富裕富足。必须坚持系统性思维，加快推进渔业重点领域和关键环节改革，提升治理体系和治理能力现代化水平。立足渔业发展不平衡不充分的实际，因地制宜、各有侧重、梯次推进。必须保持历史耐心，分阶段持续推进，五年打基础、重在改革攻坚，十年求突破、重在调整完善，十五年见成效、重在巩固提升。

一是聚焦稳产保供，推进水产养殖业绿色发展。实施水产绿色健康养殖"五大行动"，开展健康养殖和生态养殖示范区创建，规范有序发展稻渔综合种养，大力发展循环水、深远海和大水面等生态渔业。实施水产养殖尾水治理工程，推动养殖尾水达标排放和循环利用，推进水产养殖机械化。加强水生动物疫病防控，推动水产品苗种产地检疫全覆盖，保障水产品质量安全。推进养殖水域滩涂规划和养殖证核发，保障水产养殖业发展空间和渔民权益。

二是聚焦长江禁渔，推进水生生物资源养护。突出抓好长江禁渔，做好退捕渔民农业农村领域就业帮扶，建立长江十年禁渔长效管理机制，确保禁渔令落实有力、退捕渔民"退得出""稳得住""能致富"。继续实施"中国渔政亮剑"系列专项执法行动，规范提升渔政执法能力，加大非法捕捞打击力度，维护海洋和内陆重点水域休禁渔秩序。全力推进渔港建设管理改革，推行实施"港长制"。确定新一轮渔业资源总量管理目标，稳步推进实施全面限额捕捞。健全水生野生动物保护管理制度，持续推进海洋牧场建设，开展水生生物增殖放流。

三是聚焦"双循环"，促进水产品消费和渔业"走出去"。实施水产品加工提升和消费促进行动，推动完善冷链物流基础设施，加强水产品产销对接和品牌建设，大力发展预制菜肴、方便食品、休闲食品等方便、快捷、健康水产加工品，加快内销市场培育。积极促进优势水产品出口，引导水产品有序进口。鼓励养殖业"走出去"，加强与东南亚、中南美、非洲等地区及"一带一路"沿线国家的水产养殖合作。坚持远洋渔业规范发展，完善全产业链经营体系。积极推进多双边渔业合作，稳妥开展周边国家渔业合作，加强涉外渔业管理，维护我国海洋权益、渔民权益和周边海域稳定。

40. 如何拓展农业多种功能、提升乡村多元价值？

乡村具有食品保障、生态涵养、休闲体验和文化传承等多种功能，具有生产、生态、生活和文化等多元价值。要适应城乡居民消费需求升级和顺应产业发展规律，立足当地特色资源，将农业向休闲、旅游、养生、文化、教育拓展，催生新业态类型。

一是拓展乡村食品保障功能，提升乡村生产价值。实施农业生产"三品一标"提升行动，推动品种培优、品质提升、品牌打造和标准化生产，支持食品企业建设规模化、标准化、绿色化原料基地。支持农民合作社和家庭农场开展干制、腌制、熟制等初加工，引导食品企业重心下沉，发展食材预处理、主食加工，开发营养均衡、养生保健、食药同源的功能性食品。引导食品企业建设清洁化、智能化副产物综合利用生产线，促进资源循环利用、梯次利用、高值利用。鼓励龙头企业、农民合作社、家庭农场、农户以及育种公司、农资供应、科研团队、技术培训、生产服务和贷款担保等组建农业产业化联合体，一体打造农业全产业链，推广订单生产、金融担保、双向入股等机制，让农民多环节就业增收。

二是拓展乡村生态涵养功能，提升乡村生态价值。推广种养结合循环农业发展模式，促进种养业绿色发展。鼓励大型农业企业和农产品加工园区采取先进的提取、分离与制备技术，推进秸秆、稻壳米糠、麦麸、油料饼粕、果蔬皮渣、畜禽皮毛骨血、水产品皮骨内脏等副产物综合利用，开发新能源、新材料等新产品，提升增值空间。依托秀美山川、湖泊河流、草原湿地等生态资产，推进农业与文化、旅游、教育、康养等产业融合，发展创意农业、功能农业等。

三是拓展乡村休闲体验功能，提升乡村生活价值。依托绿水青山和田园风光，开发踏青赏花、观光采摘、农事体验、亲子体验等旅游产品。推介一批视觉美丽、体验美妙、内涵美好的乡村休闲旅游精品景点线路，建设一批资源独特、业态丰富、创新活跃的休闲农业重点县。依托稻田、花海、梯田、茶园、养殖池塘、湖泊水库、海洋牧场等风光，发展景观农业、康养度假、教育研学、拓展训练、休闲垂钓等业态，开发"后备厢""伴手礼"等绿色旅游农产品。积极发展乡村夜经济，用夜色留住人气。

四是拓展乡村文化传承功能，提升乡村文化价值。引导乡村集体经济组织联合新型经营主体等，利用传统村落、民族村寨等农业物质文化遗产，以及优秀农耕文化、传统手工艺等农业非物质文化，建设农业教育、社会实践和研学示范基地，开展红色旅游、研学旅游。注重农村文化资源挖掘，强化休闲农业经营场所的创意设计，发展主客共享的美丽休闲古村落、古村镇。收集整理乡土特色文化，建设一批乡土文化艺术园，策划展现一批民族风情、乡土文化的现场节目。

41. 如何发展智慧农业？

农业生产涉及的品类、品种繁多，生产过程漫长复杂，不可控因素多、变量多，因此，智慧农业从点的突破到全面进步和应用还需要长期的过程。建设智慧农业要"结合实际、因地制宜"，充分考虑现阶段农村信息化基础设施建设、运用信息化技术产品投入产出回报、农民及生产经营主体能否运行好维护好信息化设施设备等现实情况，瞄准农业农村现代化的主攻方向，以创新驱动农业高质量发展，让农民群众有更多获得感、幸福感、安全感。

一是加强顶层设计和规划引导。围绕农业农村信息化发展重点，开展理论研究、专题调研和水平评价，面向中长期发展系统设计农业农村信息化顶层构架，包括重大问题需求、战略目标、主要任务、重点领域、关键技术、市场机制、保障措施等，推动形成与之适应的项目安排。

二是推动建立信息化政策体系。研究出台农业信息技术产品与农业信息服务补贴政策，推动农业农村信息资源共建共享，制定实施促进农业农村信息化发展的法律法规，营造良好发展环境。加大农业信息化发展专项资金规模，增加现有农业产业化和农村建设专项等对信息化的投入比重，加强财政保障力度。

三是强化农业信息技术研发。积极推动在科技重大专项、重点研发计划中部署实施智慧农业技术创新与应用工程项目。鼓励产学研开展农业信息化科技合作，面向现代农业产业发展和智慧农业产业培育，创制并熟化一批农业智能感知、智能控制、自主作业、精准服务等智慧农业重大技术产品。

四是深化农业农村大数据应用。探索发展农业农村大数据的机制和模式，加快数据整合共享和有序开放，深化大数据在农业生产、经营、管理和服务等方面的创新应用，逐步实现农业农村历史资料的数据化、数据采集的自动化、数据使用的智能化、数据共享的便捷化，为政府部门管理决策和各类市场主体生产经营活动提供完善的数据服务。

五是开展典型示范带动。选取重点领域开展试点示范，集成农业物联网、农业大数据、精准农业、智能装备与机器人、无人农场、食品追溯体系等智慧农业领域技术，探索农业农村信息化发展机制、推进路径和商业模式，提高农业信息化的理论及应用水平，培育一批可看、可用、可推广的示范典型，以点带面加速农业信息技术应用，引领农业农村信息化发展。

六是加快培育农业信息产业。建立和完善以政府为主体、社会力量广泛参与的多元化投入机制，坚持政府与企业的互动，整合现代农业产业链各环节资源，通过政策引导，调动企业积极性，鼓励更多的企业与金融资本参与，培育智慧农业创新型企业，培育形成产业链条完整、产业集群度高的智慧农业产业。

42. 如何完善利益联结机制，让农民更多分享产业增值收益？

为更好巩固拓展脱贫攻坚成果同乡村振兴有效衔接，必须大力推进一二三产业融合发展做大产业蛋糕，通过建立健全利益联结机制分好蛋糕，不断引导农民充分参与、积极融入乡村产业发展过程，保障农民更多分享产业增值收益。具体而言，健全利益联结机制需要有效盘活资产土地要素、培育紧密产业化联合体、持续构建高效联通渠道。

一是有效盘活资产土地要素。深入推进农村集体产权制度改革，健全农村产权流转交易市场，加强农村产权流转交易指导服务和监督管理，规范产权流转交易行为，持续畅通资产施展功能的通道。规范引导农村一二三产业发展融合用地，在确保产业不占耕地、耕地不"非农化"的基础上为乡村产业发展预留规划空间和指标，并通过全域土地整治腾挪空间、优化用地权利人利益获取来释放更多产业用地潜能。

二是培育紧密农业产业化联合体。发挥农业产业化龙头企业带头作用，依托产业融合发展平台，完善农业全产业链格局，在县域和乡镇布局产能，通过产销订单、土地资产入股等方式联农带农，引导农民实干创新更多获益，深入支持供应链、价值链、创新链农企紧密联结，打造全产业链农业产业化联合体，辐射带动区域整体进步富裕。

三是持续构建高效对接渠道。推动社会资本与农业农村对接法治化，出台社会资本投资农业农村的政策法规指引，明明社会资本激活乡村动能的领域和方式，打开社会资本更理性更有针对性支持农业农村的方便之门，防止社会资本侵占农民利益。推动社会资本与农业农村对接数字化，建立县级农产品网络销售供应链体系、运营服务体系和支撑保障体系，充分引导互联网企业、创意机构与农业农村的深度合作，鼓励企业让利农民，亲密联合共筑长远可持续发展。

43. 为什么说发展乡村产业的出发点和落脚点是富裕农民?

乡村产业内涵丰富、类型多样，是提升农业、繁荣农村、富裕农民的产业。发展乡村产业的出发点和落脚点是富裕农民，离开了乡村产业振兴，不仅农民收入的增长势头会大打折扣，农业农村经济的多元化发展也将受到很大制约，乡村振兴更是无从谈起。而发展乡村产业，需要更多的高素质产业工人，农民文化层次的提升、市场能力的增强、资金积累的丰裕，对乡村产业发展同样具有很大的促进作用。

一是实现农民就地就近就业增收的主要载体。产业是就业的保障，就业是产业的支撑，这两者是相辅相成的关系。产业发展了，就业岗位就多了；劳动力多了，人口红利就多，产业发展才有竞争力。《国务院关于促进乡村产业振兴的指导意见》强调，促进乡村产业振兴要注意"融合发展、联农带农"，把以农业农村资源为依托的二三产业尽量留在农村，把农业产业链的增值收益、就业岗位尽量留给农民，发展乡村产业，扩大农民就业。第一，发展现代种养业稳定就业。通过引导农民领办创办家庭农场、农民合作社及农业社会化服务机构，引导他们在推进种养业规模化、标准化、产业化中稳定就业。第二，拓展乡土特色产业扩大就业。特色产业是乡村产业的重要组成部分，发展潜力巨大，主要通过开发特色产品、传承手工艺、挖掘乡土文化等方式增加就业。第三，提升农产品加工业拓展就业。农产品加工业是乡村产业的主体，是劳动密集型产业，通过发展初加工、开展综合利用拓展岗位，提升就业。

二是激发农业农村多种功能价值的重要媒介。乡村产业根植于县域，以农业农村资源为依托，以农民为主体，以农村一二三产业融合发展为路径，地域特色鲜明、创新创业活跃、业态类型丰富、利益联结紧密。促进乡村产业振兴，有利于彰显地域特色，将提升农业农村的生产功能与激发农业农村的生活功能、生态功能、文化价值有机结合起来，促进乡村更好地焕发生机活力，更好地承载乡村价值。按照促进乡村产业振兴的要求，要优化城乡产业、乡村产业的空间结构，联动推进城镇化与乡村产业振兴，引导城乡产业强化产业链关联，借此培育城市企业、城市产业对乡村企业、乡村产业的辐射带动力，进而培育工农互促、城乡互补、全面融合、共同繁荣的新型工农城乡关系，激发产业融合带动城乡融合发展潜能，夯实加快农业农村现代化的根基。

三是促进农民增收有利于推动乡村产业进一步发展。农民的主动参与是乡村产业实现可持续发展的基础。促进乡村产业振兴，决不是企业"唱独角戏"，也不是政府"包打天下"，而是要调动农民的积极性、主动性、创造性，提高农民参与度。当前，要以农业农村资源为依托，以农民为主体，优化创业环境，激发创业热情，让农民更多参与并分享乡村产业振兴的收益。近年来，农村创业创新环境持续改善，新产业新业态大量涌现，乡村产业发展取得了积极成效，大量农民工、大中专毕业生、退役军人、科技人员选择返乡入乡创业就业，到广阔天地大展宏图、创业奔富，成为乡村产业发展的重要力量。据调查，2020 年全国返乡入乡创业创新人员达1010 万人左右，比 2019 年增加 160 万人，增长 18.8%，首次突破1000 万人。

44. 如何解决乡村产业发展用地难问题？

促进乡村产业发展需要聚集更多的资源要素，用地是关键因素。破解乡村产业发展用地难问题，要着眼保障和规范两手抓，做到综合施策、堵疏结合，让土地要素活起来、转起来、用起来，促进乡村产业项目真正"落地"。

一是引导农村产业在县域范围内统筹布局。把县域作为城乡融合发展的重要切入点，科学编制国土空间规划，因地制宜合理安排建设用地规模、结构和布局及配套公共服务设施、基础设施，有效保障农村产业融合发展用地需要。各省（自治区、直辖市）要按照自然资源部、国家发展改革委、农业农村部《关于保障和规范农村一二三产业融合发展用地的通知》制定实施细则，根据休闲观光等产业的业态特点和地方实际，明确具体用地准入条件、退出条件等，探索供地新方式。

二是大力盘活农村存量建设用地。通过土地整治实现用地布局优化和用途调整。在充分尊重农民意愿的前提下，可依据国土空间规划，以乡镇或村为单位开展全域土地综合整治，盘活农村存量建设用地，腾挪空间用于支持农村产业融合发展和乡村振兴。通过集体经营性建设用地入市促进土地节约集约高效利用。探索在农民集体依法妥善处理原有用地相关权利人的利益关系后，将符合规划的存量集体建设用地，按照农村集体经营性建设用地入市。农村集体经济组织兴办企业或者以土地使用权入股、联营等形式与其他单位、个人共同举办企业的，可以依据《中华人民共和国土地管理法》第六十条规定使用规划确定的建设用地。单位或者个人也可以按照国家统一部署，通过集体经营性建设用地入市的渠道，以出让、出租等方式使用集体建设用地。通过复合利用拓展土地使用功能。在符合国土空间规划前提下，鼓励对依法登记的宅基地等农村建设用地进行复合利用，发展乡村民宿、农产品初加工、电子商务等农村产业。

三是保障新增建设用地指标。规划上预留指标。新编县乡级国土空间规划应安排不少于10%的建设用地指标，重点保障乡村产业发展用地。计划上优先安排。省级制定土地利用年度计划时，应安排至少5%新增建设用地指标保障乡村重点产业和项目用地。市县要统筹乡村建设和新型城镇化发展，合理配置用地计划指标，支持农村产业融合发展和合理布局，不足的由省（自治区、直辖市）统筹解决。审批上简化程序。农村产业融合发展确需使用新增建设用地的，必须依法办理用地审批手续。村庄建设边界内，按批次用地方式办理农用地转用审批，不需要办理用地预审与选址意见书；村庄建设边界外使用规划预留建设用地指标的，可不办理用地预审与选址意见书，直接办理农用地转用审批。除依法应当以招标拍卖挂牌等方式公开出让的土地外，可将建设用地批准和规划许可手续合并办理，核发规划许可证书。

四是充分利用设施农业发展用地。支持现代农业发展，农业生产中直接用于作物种植和畜禽水产养殖的设施用地，可按照《关于设施农业用地管理有关问题的通知》要求使用。对于作物种植和畜禽水产养殖设施建设对耕地耕作层造成破坏的，应认定为农业设施建设用地并加强管理。

五是强化用地监管。落实最严格的耕地保护制度，坚决制止耕地"非农化"行为，严禁违规占用耕地进行农村产业建设，防止耕地"非粮化"，不得造成耕地污染。农村产业融合发展用地不得用于商品住宅、别墅、酒店、公寓等房地产开发，不得擅自改变用途或分割转让转租。

45. 国家有关部门在防止"大棚房"问题反弹、解决农业设施用地方面有哪些规定和要求？

贯彻落实党中央、国务院决策部署，2018年9月至2019年3月，农业农村部、自然资源部会同有关部门和单位，在全国开展"大棚房"问题专项清理整治行动，有效遏制了违法违规占用耕地的行为。

为巩固集中清理整治成果，保障设施农业健康有序发展，严防"大棚房"问题反弹，2019年7月，农业农村部、自然资源部印发《关于建立常态长效监管机制防止"大棚房"问题反弹的通知》。一是严格落实属地监管责任。建立"省级抓总、县级落实、部门协同"的设施农业监管责任体系，明确责任分工，逐级压实责任，切实把"大棚房"问题防反弹措施落到实处。二是构建信息化监管体系。建立设施农业登记备案制度，明确到项目到地块、到设施、到主体。对新建农业设施要及时登记备案、纳入台账管理。将设施农业备案台账及时转化成数字信息，实行网格化、精准化、动态化管理。三是严格落实巡查抽查制度。各地要结合实际情况制定具体巡查抽查办法，明确目标任务，落实责任主体，采取全面巡查、重点巡查和实地核查等方式，建立日常巡查监管机制，随时发现问题随时解决问题。四是加强社会监督。通过政府或部门网站及其他形式，广泛宣传土地管理等相关法律法规政策。建立举报制度，公布举报电话、信箱，畅通举报渠道。加大典型违法案件曝光力度，形成强大舆论震慑，提高广大群众依法依规用地意识，营造良好社会氛围。五是强化服务保障。坚持农业农村优先发展，保障农村一二三产业融合发展尤其是休闲农业和乡村旅游的合理用地需求。

为适应农业现代化发展趋势，建立设施农业用地保障长效机制，促进现代农业健康发展，2019年12月，自然资源部、农业农村部印发《关于设施农业用地管理有关问题的通知》，在原有设施农业用地管理方式、使用耕地和用地程序等支持政策基础上，对用地划分、使用永久基本农田范围、用地规模、用地取得等进一步作出明确规定。一是设施农业用地包括农业生产中直接用于作物种植和畜禽水产养殖设施的设施用地。设施农业属于农业内部结构调整，可以使用一般耕地，不需落实占补平衡。二是对于种植设施建设破坏耕地耕作层，但由于位置关系难以避让永久基本农田的，养殖设施中涉及少量永久基本农田确实难以避让的，允许在补划同等数量、质量永久基本农田的前提下使用，确保永久基本农田不减少。三是各类设施农业用地规模由各省（自治区、直辖市）自然资源主管部门会同农业农村主管部门根据生产规模和建设标准合理确定。其中,养殖设施允许建设多层建筑。四是简化用地取得方式,设施农业用地由农村集体经济组织或经营者向乡镇政府备案,乡镇政府定期汇总情况后汇交至县级自然资源主管部门。涉及补划永久基本农田的,须经县级自然资源主管部门同意后方可动工建设。

46. 现阶段持续深化农村金融改革的突破口是什么?

21世纪以来,我国农村金融改革以国家加大投入为主要特征,农村金融机构服务能力显著增强,农村金融生态环境持续改善,初步建立起多层次的农村金融市场体系,同时探索出以差异化货币政策和监管政策、财税优惠政策以及再贷款、再贴现等政策工具,显著增加了涉农贷款的投放规模,提升了农村金融服务的综合化、市场导向水平和覆盖面,为促进农业生产、农村经济发展和农民增收发挥了重要作用。

当前我国进入全面推进乡村振兴的新阶段,更离不开金融部门的支持。一方面,乡村振兴战略对农村金融改革的方向提供了新的机遇;另一方面,农村金融市场体系也面临巨大的市场挑战。现阶段持续深化农村金融改革主要有以下几个方面的突破口。

一是持续完善农村金融市场体制机制。完善农村金融机构的监管机制,以农村信用社为例,当前存在多头监管的问题,银保监会和各省联社采取不同的监管标准,应明确统一的核心监管指标,建立及时校正机制,当金融机构资本充足率或其他绩效指标超出某临界值,监管部门就应马上采取措施限制其业务发展和限制分红等,对其形成强有力的经营压力，若辖区内金融机构出现风险，则对监管部门负责人进行追责。完善农村金融机构的公司治理机制，充分发挥金融机构股东大会和监事会的作用，防止出现内部人控制的问题。适时推出农村金融立法，明确所有金融机构在县域范围内吸收存款用于当地的比例，不仅是县域法人金融机构，也需要明确县域非法人金融机构承担一定的服务地方经济发展的责任。

二是持续建立竞争性的农村金融体系。建设包括从小型到大型、从线上到线下的农村金融机构体系。鼓励大中型商业银行继续下沉业务，按照市场分层的原则允许不同形式的金融组织平等竞争。扩大银行、保险和担保机构合作广度和深度，持续推进农业保险扩面、增品、提标，发展保证保险贷款产品，加快建设农村信贷担保体系，各级农业信贷担保机构实行市场化运作，财政资金主要通过资本金注入、风险补偿等形式予以支持，在明确信贷担保机构业务范围的基础上，减少对其经营的干预。

三是持续改进农村金融基础设施。要健全完善支撑金融发展的基础设施，加大关键领域改革协调力度。同时，深入总结和推广局部地区的试点经验，推进农村信用体系建设、完善农村支付体系和工具等金融基础设施建设。

四是加快推进农村金融数字化转型。农村数字金融是拓展农村金融供给的潜在变革性力量。当前，农村金融数字化转型的主要难点是政府数据缺乏整合，金融机构缺少农村各类主体的有效数据和信息用于贷款决策。鼓励建立新型农业经营主体和农户信息登记平台和数据库，并探索与农村土地承包经营权确权系统，人民银行征信系统，税务、工商、气象等政府公共数据进行对接，在保证数据安全的情况下，形成农村金融服务平台和数据库。

47. 如何构建农业对外开放新格局?

农业对外开放是我国对外开放的重要内容,对于服务国家政治外交大局和农业农村经济社会发展具有重要作用。构建农业对外开放新格局要紧紧围绕服务国家"一带一路"倡议,以助力形成农业双循环新发展格局为重要任务,以构建新型农业国际合作关系、培育农业国际竞争新优势、开创全方位农业国际合作新局面为目标,统筹利用两个市场两种资源两类规则,实现更大范围、更宽领域、更深层次的农业对外开放,助推乡村振兴和农业农村现代化。

一是构建新型农业对外合作伙伴关系。推进大国协调合作,以共建"一带一路"国家为重点,大力推进农业对外合作。积极与有关国家和地区开展交流与对话,用好金砖国家、上海合作组织、东盟等多边合作机制,以双方共同关注的农业科技、粮食安全、动植物卫生等重点问题为抓手,深化利益联结和互惠互利,提升合作水平。

二是推动农业贸易高质量发展。围绕保障国内重要农产品安全稳定供给,拓展重点产品多元化进口渠道,增强进口供应链可靠性,建立农业贸易救济和预警专家体系,加强监测预警和风险防范。聚焦优势区域、重点产业和关键环节,培育一批农业国际贸易高质量发展平台载体,打造线上线下融合的国际知名农业展会,推进农产品出口跨境电商、海外仓等新业态新模式发展。推进农业服务贸易发展,发挥我国在农技、农机、农资等领域优势,通过服务贸易带动农业对外投资和贸易全面发展。

三是推动农业走出去稳步发展。统筹谋划产业方向,科学选择投资区域，围绕重点企业精准施策，以加工、仓储、物流为关键环节，推动实现我国农业产业链供应链价值链在全球的合理延伸布局。推动组建重点产品重点国别投资联盟。推动建立与农业跨国经营相配套的财政、融资、税费、援外、贸易、外交政策支撑体系，以及完备的农业对外合作法律、信息、信用、保险、人才、商协会服务保障体系。推动农业援助向上下游延伸，加强援外项目与受援国农业发展重点任务相衔接，与农业对外经贸投资协同发展。

四是全面参与国际粮农治理。抓住国际粮农治理体系大变革的机遇，主动宣介中国方案，发挥我国在多边和区域贸易体制中的作用，维护多边主义，推动粮农治理体系改革发展。聚焦减贫和零饥饿等可持续发展目标，积极参与农业南南合作全球议程，深入参与国际食品法典等标准制定，高标准建设全球人道主义应急仓库和枢纽，支持在华涉农国际组织发挥作用。

五是促进国际农业科技合作互惠共享。聚焦基础性、战略性、前瞻性的农业科学领域和全球共性挑战，发挥农业科技国际合作平台作用，推动优势科技资源双向流动，以开放合作推动自主创新。加强与欧美等科技强国的联合公关，推动农业科技走出去，积极参与国际农业科技治理，全面加强与国际农业研究磋商组织的农业科技创新合作。

六是进一步优化营商环境。为涉农企业营造更加公平有效的营商环境，推进投资自由化便利化。鼓励拥有先进技术、管理经验、种质资源和高层次科研人员等方面资源的外资合法合规对我国农业进行投资。引导、鼓励外资向中西部地区转移，带动东中西部农业协调发展。

生态宜居篇

48. 为什么说生态宜居是乡村振兴的内在要求？

生态宜居是乡村振兴的关键和重要支撑，是亿万农民步入美好生活的必然要求，是实现乡村可持续发展的基本前提，也是衡量乡村振兴成果的重要方面。良好的人居环境是农民群众安居乐业的美丽家园，良好的农村生态环境是生产绿色有机、优质安全农产品的自然资源基础。乡村要振兴，生态保护是关键。保护好、改善好农村生态环境就是建设人民群众美好家园，就是发展农村生产力，就能为乡村全面振兴提供有力支撑。

一是广大农民殷切期盼生态宜居。我国不管城镇化发展到什么程度，仍然会有相当规模的人口生活在农村。让农村居民享受到更好的生活条件，使农民在乡村振兴中有更多获得感、幸福感，既是农村现代化的本质要求，也是亿万农民的深切期盼。随着经济收入的提高，农民群众对生活品质的需求也越来越高，干净整洁、美丽宜居的乡村环境越来越成为农民群众的普遍愿望和生活向往。同时，"绿水青山就是金山银山"的理念也越来越深入人心，农民群众期盼通过提升生态环境实现农村自然资源增值，实现就近就地增加收入。

二是乡村发展的基础在农村生态环境保护。生态环境也是生产力，农村自然生态不仅是农民生产生活的基础，也是乡村产业发展依赖的基础。良好的农村生态环境是发展绿色农业的基础，是生产优质农产品、发展现代种养加产业的基本条件。美丽乡村这一稀缺资源可以吸引人去投资兴业，发展休闲旅游、健康养生等产业，可以吸引更多城里人到乡村"养眼洗肺、解乏去累"。因此可以说，农村的生态环境直接影响全国人民的"米袋子""菜篮子""水缸子"，直接影响农民的钱袋子，可以让"绿水青山"源源不断带来"金山银山"。同时，农民收入提高了也会促进农村生态环境进一步改善。

三是振兴乡村、聚拢人气要求生态宜居。守护好山水林田湖草沙等丰富的农村自然资源，建设好绿色生态、环境优美、乡土特色鲜明的农村环境，可以吸引更多的各地人才到乡村创新创业、生产生活、扎根发展。整洁舒适的乡居空间、便捷适宜的生活工作条件、方便可及的医疗康养设施，可以让农村留住更多本土人才。配套齐全的科教文卫体等公共服务、完善的水电路气房讯等公共基础设施，可以使乡村培育出更多新生人才。总之，只有守护好农村生态环境这个最大的宝贵财富，充分发挥好其价值优势，才能让乡村更加吸引人、留住人、培养人，汇聚起乡村振兴的人力资源，乡村才能充满生机、有朝气、有活力，乡村振兴才不会成为一句空话。

49. 如何实现生态宜居？

良好生态环境是农村最大优势和宝贵财富，必须牢固树立和践行绿水青山就是金山银山的理念，尊重自然、顺应自然、保护自然，统筹山水林田湖草沙系统治理，加快转变生产生活方式，推动乡村生态振兴，建设生活环境整洁优美、生态系统稳定健康、人与自然和谐共生的生态宜居美丽乡村。

一是推进农业绿色发展。以生态环境友好和资源永续利用为导向，推动形成农业绿色生产方式，实现投入品减量化、生产清洁化、废弃物资源化、产业模式生态化，提高农业可持续发展能力。强化资源保护与节约利用，实施国家黑土地保护工程，推广保护性耕作模式。推进农业清洁生产，加强农业投入品规范化管理，推进化肥农药减量施用，推行水产健康养殖，加快推进种养循环一体化，探索农林牧渔融合循环发展模式。集中治理农业环境突出问题，推进荒漠化、石漠化、坡耕地水土流失综合治理和土壤污染防治、重点区域地下水保护与超采治理。

二是持续改善农村人居环境。以建设美丽宜居村庄为导向，开展农村人居环境整治提升行动，全面提升农村人居环境质量。统筹农村改厕和污水、黑臭水体治理，因地制宜建设污水处理设施。健全农村生活垃圾收运处置体系，推进源头分类减量、资源化处理利用。健全农村人居环境设施管护机制，有条件的地区推广城乡环卫一体化第三方治理。深入推进村庄清洁和绿化行动，开展美丽宜居村庄和美丽庭院示范创建活动。

三是加强乡村生态保护与修复。大力实施乡村生态保护与修复重大工程，完善重要生态系统保护制度，促进乡村生产生活环境稳步改善，自然生态系统功能和稳定性全面提升，生态产品供给能力进一步增强。统筹山水林田湖草沙系统治理，优化生态安全屏障体系，实施重要生态系统保护和修复重大工程。健全重要生态系统保护制度，如天然林和公益林保护制度、草原生态监管和定期调查制度、荒漠生态保护制度等，全面推行河长制、湖长制。加大重点生态功能区转移支付力度，推动市场化多元化生态补偿，健全生态保护补偿机制。大力发展生态旅游、生态种养等产业，打造乡村生态产业链，发挥自然资源多重效益。

50. 如何推进农业绿色发展?

推进农业绿色发展是农业发展观的一场深刻革命。立足新发展阶段、贯彻新发展理念、构建新发展格局,必须牢固树立和践行"绿水青山就是金山银山"理念,推进农业资源利用集约化、投入品减量化、废弃物资源化、产业模式生态化,加快构建绿色低碳循环发展的农业产业体系。

一是突出资源节约推进农业绿色发展。推动资源利用方式根本转变,加强全过程节约管理,降低农业资源利用强度,促进农业资源永续利用。加强耕地保护与质量建设,严守耕地18亿亩红线,坚决遏制耕地"非农化"、防止"非粮化",实施高标准农田建设、耕地质量保护与提升行动和国家黑土地保护工程,有序推进酸化、盐碱化耕地治理,提升耕地质量水平。提高农业用水效率,强化水资源刚性约束,因地制宜发展旱作雨养农业,推广应用农业节水技术和节水抗旱品种,加强地下水超采区治理,发展节水型农业。保护农业生物资源,加强农业种质资源和水生生物保护,科学防控外来入侵物种。

二是突出环境友好推进农业绿色发展。加快推行绿色生产方式,科学使用农业投入品,循环利用农业废弃物,有效遏制农业面源污染。深入实施化肥农药减量行动,深入开展测土配方施肥,加快有机肥替代化肥,推广应用新型肥料和高效低毒低残留农药,集成推广科学施肥和绿色防控技术,完善肥料统配统施、病虫统防统治等社会化服务,提高施肥用药效率。推进废弃物资源化利用,完善畜禽粪污收运处理利用体系,建设粪肥还田利用种养结合基地。因地制宜推进秸秆还田，健全秸秆收储运体系，提升秸秆能源化、饲料化等产业利用能力。推进白色污染治理，推广普及标准地膜，促进废旧地膜加工再利用，建立健全农膜回收利用机制。推进农药包装废弃物资源化利用和无害化处置，合理处置肥料包装废弃物。

三是突出生态修复推进农业绿色发展。按照生态系统的整体性、系统性及其内在规律，保护修复农业生态系统，提升农业生态产品价值。治理修复耕地生态，健全耕地轮作休耕制度，推动用地与养地相结合，分类分区开展污染耕地治理。保护修复农业生态系统，建设农田生态廊道，发展人工稻田湿地和人工菜田绿地，发挥农业生态涵养功能。优化种植、养殖、居住等乡村功能，保护修复森林草原生态，增强田园生态系统的稳定性和可持续性。开发农业生态价值，强化农业固碳减排、休闲观光、农事体验、生态康养、文化传承等多种功能，推动农业生态价值实现。

四是突出优质产品供给推进农业绿色发展。全产业链拓展农业绿色发展空间，推动形成节约适度、绿色低碳的生产生活方式，把更多绿色优质农产品端上城乡居民餐桌。构建农业绿色供应链，发展农产品绿色加工、物流和销售，加强绿色、有机和地理标志农产品认证管理，深入推进食用农产品达标合格证制度试行，强化农产品质量追溯管理，促进绿色消费。推进产业集聚循环发展，坚持要素集聚、企业集中、功能集合，建设一批绿色农业产业园区、产业强镇、产业集群，推动农业园区低碳循环，培育绿色低碳循环产业体系。实施农业生产"三品一标"行动，深入推进农业供给侧结构性改革，推进品种培优、品质提升、品牌打造和标准化生产，提升农产品绿色化、优质化、特色化和品牌化水平。

五是突出支撑保障推进农业绿色发展。强化绿色科技保障，围绕农业深度节水、精准施肥用药、重金属及面源污染治理、退化耕地修复等，组织科研和技术推广单位开展联合攻关，攻克一批关键核心技术，研发一批绿色投入品和绿色农机装备，构建农业绿色发展技术体系，推进绿色技术先行先试和长期固定观测，完善绿色技术人才体系，引导小农户应用绿色技术，推动农业科技绿色转型。强化体制机制保障，建立农业绿色发展的目标责任、考核制度、奖惩机制，强化农业绿色发展法律约束，建立完善绿色农产品和农业生态产品市场价格实现机制，建立多渠道投入机制，引导社会参与，加快推动农业发展由增产导向转向提质导向，切实改变农业过度依赖资源消耗的发展模式。

51. 如何实施好长江"十年禁渔"？

长江"十年禁渔"是以习近平同志为核心的党中央从中华民族长远利益出发和从国家发展战略全局高度作出的重大决策部署。

2018年中央1号文件要求"建立长江流域重点水域禁捕补偿制度"。2018年9月，国务院办公厅印发《关于加强长江水生生物保护工作的意见》，明确提出加快建立长江流域重点水域禁捕补偿制度，健全河流湖泊休养生息制度，逐步实行在合理期限内禁捕的禁渔期制度。2019年1月，农业农村部、财政部、人力资源社会保障部联合印发《长江流域重点水域禁捕和建立补偿制度实施方案》，补偿补助退捕渔民，加强执法监管，分类分阶段实施禁捕退捕。2019年12月，经国务院同意，农业农村部发布《关于长江流域重点水域禁捕范围和时间的通告》，明确禁捕总体安排和管理要求。2020年7月，国务院办公厅印发《关于切实做好长江流域禁捕有关工作的通知》、转发长江流域重点水域禁捕和退捕渔民安置保障工作实施方案、打击长江流域非法捕捞专项整治行动方案、打击市场销售长江流域非法捕捞渔获物专项行动方案等 3 个方案，进一步强化禁捕退捕各项政策措施。2021 年 3 月，《中华人民共和国长江保护法》实施，把长江禁捕退捕纳入重要任务，为长江"十年禁渔"落实落地提供了根本法律保障；把从重处罚违规行为作为重要抓手，进一步彰显了法律刚性；把发展绿色生态渔业作为努力方向，为发展绿色水产养殖、推动生态渔业现代化转型升级提供遵循。

一是建立健全"十年禁渔"长效机制。建立健全监督考核奖惩激励机制，推动纳入国务院真抓实干督查激励支持和领导干部自然资源资产离任审计范围。建立健全暗查暗访和通报约谈等机制，运用好有奖举报、媒体监督等方式，加强信访问题跟踪督办和矛盾纠纷排查化解，开展风险隐患排查"回头看"。

二是持续做好退捕渔民安置保障。启动实施"十省百县千户"长江退捕渔民跟踪调研，动态分析研判退捕渔民安置保障情况。健全就业帮扶工作台账，紧盯重点帮扶对象，统筹做好技能培训、职业介绍、信贷支持、创业扶持等工作，充分挖掘农渔业内部转产潜力，提高转产就业的针对性和稳定性。继续做好退捕渔民养老保险工作，鼓励有条件的地方适当延长过渡期生活补助发放期限，及时将符合条件的困难渔民家庭纳入相关政策帮扶和社会救助体系，统筹用好公益性岗位，确保退捕渔民不返贫。

三是深化打击非法捕捞专项整治。公安部、农业农村部、市场监管总局深入推进为期 3 年的专项整治行动，加强相关船舶管理，开展涉渔"三无"船舶排查清理行动，坚决消除非法捕捞隐患。大力推动长江野生江鲜禁售禁食，健全水产品"合格证＋追溯凭证"

索要查看制度，严禁销售、加工、采购、营销、交易禁捕水域非法捕捞渔获物和无法提供合法来源证明的非法水产品。强化跨部门跨区域执法协作机制，建立网格化管理责任制，解决好长江口、鄱阳湖、洞庭湖等跨界水域执法难题。

四是加强禁捕执法监管能力建设。进一步加强渔政队伍作风建设，提升执法专业化水平，充分发挥 14 个部省共建共管渔政执法基地作用，推动建设禁捕执法监管指挥调度系统，整合使用相关涉水主管部门的无人机、雷达、视频监控等执法资源，加快提升禁捕执法监管效能。推动各地配置规模适宜的"护渔员"协助巡护队伍，构建专管群管结合、人防技防并重的管理格局，有效补齐渔政执法监管短板。

五是统筹做好水生生物保护工作。进一步贯彻落实《中华人民共和国长江保护法》，联合国家发展改革委出台并实施《长江生物多样性保护工程建设方案（2021—2025 年）》，尽快制定《长江水生生物保护管理规定》。落实珍稀濒危水生生物拯救行动，推动建设资源及栖息地监测网络，构建长江生物完整性指数评价体系，开展禁捕效果评估，适时推进大水面生态渔业试点示范，系统推进生物多样性保护和水域生态修复。

52. 如何推进耕地轮作休耕？

在部分地区探索推进耕地轮作休耕制度试点是落实藏粮于地的重要方法。2019 年中央 1 号文件提出，扩大耕地轮作休耕制度试点。农业农村部、财政部发布通知，对做好耕地轮作休耕制度试点工作进行部署。坚持生态优先、综合治理，轮作为主、休耕为辅，推动用地与养地相结合，集成推广绿色生产、综合治理技术模式，在确保国家粮食安全和农民收入稳定增长的前提下，根据财力和粮食供求状况，重点在地下水漏斗区、重金属污染区、生态严重退化地区，加大政策扶持，强化科技支撑，对连续耕作的农田开展轮作休耕试点，把农业资源利用过高的强度降下来，把农业面源污染加重的趋势缓下来，改变资源超强度利用的现状，扭转农业生态系统恶化的势头，实现资源的永续利用。

一是在东北冷凉区、北方农牧交错区开展轮作试点。推广"一主四辅"种植模式。"一主"：实行玉米与大豆轮作，发挥大豆根瘤固氮养地作用，提高土壤肥力，增加优质食用大豆供给。"四辅"：实行玉米与马铃薯等薯类轮作，改变重迎茬，减轻土传病虫害，改善土壤物理结构和养分结构；实行籽粒玉米与青贮玉米、苜蓿、草木樨、黑麦草、饲用油菜等饲草作物轮作，以养代种、以种促养，满足草食畜牧业发展需要；实行玉米与谷子、高粱、燕麦、红小豆等耐旱耐瘠薄的杂粮杂豆轮作，减少灌溉用水，满足多元化消费需求；实行玉米与花生、向日葵、油用牡丹等油料作物轮作，增加食用植物油供给。

二是在地下水漏斗区、重金属污染区和生态严重退化地区开展休耕试点。在地下水漏斗区，连续多年实施季节性休耕，实行"一季休耕、一季雨养"，将需抽水灌溉的冬小麦休耕，只种植雨热同季的春玉米、马铃薯和耐瘠薄的杂粮杂豆，减少地下水用量。在重金属污染区，在建立防护隔离带、阻控污染源的同时，采取石灰、翻耕、种植绿肥等农艺措施，以及生物移除、土壤重金属钝化措施，连续多年修复治理污染耕地。未检验达标前，严禁种植食用农产品。在生态严重退化地区，调整种植结构，改种防风固沙、涵养水分、保护耕作层的植物，减少农事活动，促进生态环境改善。

三是推进轮作休耕试点，充分发挥地方政府牵头抓总作用。试点省份要建立相应的工作机制，落实责任，制定实施方案；试点县要成立由政府主要负责同志牵头的领导小组，明确实施单位，细化具体措施。与参加试点的农户签订轮作休耕协议，要充分尊重和保护农户享有的土地承包经营权益，明确相关权利、责任和义务，保障试点工作依法依规有序开展。相关部门要根据职责分工，对地下水漏斗区、重金属污染区和生态严重退化地区的治理修复进行指导，加强试点地区农田水利设施建设，提高耕地质量。定期监测评价轮作休耕耕地质量情况，开展技术指导和服务，把轮作休耕各项措施落到实处。

53. 如何发展节水农业和旱作农业?

发展节水农业在国家粮食安全和乡村振兴发展大局中具有重要战略地位，要把抓好农业深度节水控水作为大事要事，坚持以水定地、以水定种，做到节约与增效并重、生产与生态并重、点片示范与整体推进并重，大力发展节水农业、旱作农业，探索节水增粮增效技术路线，助力农业绿色高质量发展。加快推广水肥一体化等旱作节水技术，加强农田节水设施建设，稳定旱作区粮食重要农产品生产，控制农业灌溉用水量，提高用水效率和农产品质量效益，确保农业灌溉用水总量保持稳定。

一是建设旱地农田水利系统，推进农业高效用水。把高效节水灌溉作为高标准农田建设重要内容，完善水资源管理制度，构建现代农业节水体系。强化农田节水设施建设。一方面，推进小型农田水利工程建设。加快高标准农田建设，完善农田排灌设施，扩大农田有效灌溉面积。统筹推进高效节水灌溉工程建设，高标准农田建到哪里，节水灌溉工程就配套到哪里。另一方面，建设集雨设施。在不具备灌溉条件的旱作区，有针对性地建设一批集雨池、集雨窖等，充分收集和利用天然降雨，提高用水保证率。

二是加强抗旱节水品种研发与种植品种结构调整，推行适水种植。结合当地资源，因地制宜培育旱地作物品种，提高抗旱能力。根据水资源禀赋调整种植结构，量水生产、适水种植。在西北旱作区和华北地下水超采区，调整优化种植作物和品种结构，大力推广节水品种，改革耕作制度，压夏扩秋，充分利用自然降水，使作物生长需水期与雨季同步，变被动抗旱为主动避旱。分作物制定农业灌溉用水定额，指导农民因墒因苗科学灌溉、节水灌溉，减少水资源消耗，提高用水效率。

三是加强农业节水技术研发，推广节水技术。统筹考虑粮食安全、生态安全和水资源承载能力，分区域开展农业节水潜力研究，科学制定农业节水目标。将农业节水技术纳入关键核心技术攻关，研发推广具有完全自主知识产权的先进节水技术装备和产品。健全国家、省、市、县级土壤墒情监测网络体系，完善墒情评价指标体系，提高监测的针对性、时效性。推广节水技术，通过等高种植、垄沟种植、深耕深松、土壤改良、保护性耕作等措施营造土壤水库。推广地膜覆盖、秸秆覆盖等技术集雨保墒。科学应用抗旱抗逆剂、保水剂、缓释肥，推广抗旱品种，提高抗旱能力。大力推广集雨补灌、水肥一体化等技术，优化设施设备配置，筛选水溶肥料等配套农资，实现水肥利用效率双提高。

54. 如何打好农业面源污染防治攻坚战？

农业面源污染防治是农村生态文明建设的重要内容。打好农业面源污染防治攻坚战，要以习近平生态文明思想为指导，深入贯彻新发展理念，把绿色发展摆在重要位置，加强系统布局谋划，发扬钉钉子精神，采取更为有力的举措，通过面源污染源头控制和过程拦截，大力推进农业投入品减量化、生产清洁化、废弃物资源化、产业模式生态化，不断改善农业生态环境，促进乡村生态振兴。

一是推行农业绿色生产方式。持续推进化肥农药减量增效，强化测土配方施肥农企合作，实现配方肥下地。实施绿色防控替代化学防控行动，推广农作物病虫害绿色防控产品和技术。加快构建现代养殖体系，支持发展标准化规模养殖。开展水产健康养殖示范创建，大力发展工厂化循环水养殖、稻渔综合种养和大水面生态渔业，促进渔业提质增效。

二是强化农业废弃物资源化利用。制定畜禽粪肥利用种养结合建设规划，整县推进畜禽粪污资源化利用，加快构建种养结合农牧循环发展格局。打造一批秸秆综合利用重点县，培育壮大覆盖秸秆收储运用等环节的产业主体，带动秸秆综合利用能力提升。构建农膜全链条监管体系，推进标准地膜应用、专业化回收、资源化利用，加强农膜回收重点县建设，探索区域农膜回收补贴制度，开展可降解膜应用示范。强化农药包装废弃物回收处理。

三是推进长江黄河农业面源污染综合治理。编制实施"十四五"重点流域农业面源污染综合治理建设规划，在长江、黄河流域水环境敏感区域，建设一批农业面源污染综合治理项目县，因地制宜菜单式遴选治理技术，集成配套工程，整县推进，示范带动，开展全要素综合防治和全流域协同治理，实现农业投入品减量增效、废弃物资源化利用水平显著提升，种养结合、循环发展更加紧密顺畅，农业绿色发展取得明显成效，农业面源污染问题得到有效缓解。

四是构建农业面源污染治理长效机制。按照管行业就要管环保的要求，全面落实生态环境保护责任清单。建立健全以绿色生态为导向的农业补贴制度，完善落实农业面源污染防治配套支持政策。通过专项检查、年度评估、第三方评价等方式，加强绩效考核，健全工作落实与资金支持挂钩机制。加快培育新型治理主体，撬动更多社会资本投入，构建农业面源污染防治多元协同治理体系。

55. 如何推进重点区域地下水超采治理与保护？

地下水是重要供水水源和生态环境要素，在保障城乡生活生产供水、支撑经济社会发展、维系良好生态环境等方面有极其重要的作用。开展重点区域地下水超采治理与保护是落实党中央、国务院保障国家水安全重大决策部署、保护地下水资源、改善生态环境、保障民生、实现可持续发展的迫切需要。要切实做好重点区域地下水超采治理与保护方案编制工作，梳理地下水开发利用状况，分析地下水超采现状和原因，按照"一减一增"综合治理思路，因地制宜提出治理与保护的目标任务与对策措施。

一是明确地下水管理目标。一要建立地下水管控指标体系。确定地下水取用水量、水位管控指标以及基井计量率、监测井密度、灌溉用机井密度等管理指标。落实监管责任和措施，实施最严格地下水刚性约束管理。二要划定超采区和禁限采区。划定并公布地下水禁采和限采范围，严格地下水禁采、限采管理。

二是强化地下水取用水监督管理。组织开展全国取用水管理专项整治行动，充分利用国家地下水监测工程和国家水资源管理信息系统，推进监测计量能力建设，做好分析评价和基础研究工作，支撑地下水管理与考核。推动年许可水量 20 万立方米以上的实现在线计量。依托国家地下水监测工程和部分省区监测站点，对存在地下水超采问题的地级行政区水位同比变化情况进行通报，通过技术会商、监督检查、工作约谈等方式进行督导，进一步压实地方责任。

三是推进重点地区地下水超采治理。充分利用南水北调东中线工程调水，置换城区地下水开采；通过地表水置换地下水灌溉、发展高效节水灌溉、推广节水小麦种植等措施压减农村地下水超采量；落实《华北地区地下水超采综合治理行动方案》，统筹实施京津冀三省市河湖生态补水。组织编制实施三江平原、松嫩平原、辽河平原、黄淮地区、鄂尔多斯台地、河西走廊、汾渭谷地、天山南北麓—吐哈盆地、北部湾地区地下水超采治理与保护方案，明确地下水超采治理目标、任务。

四是抓好地下水管理的基础保障。完善法律法规标准体系，推动地下水管理条例尽早出台，组织制定地下水开发利用监督管理办法等配套制度。合理制定地下水有偿使用标准，利用经济杠杆倒逼超采地区减少地下水取用量。加强地下水超采治理动态跟踪，及时掌握治理任务落实情况。充分发挥考核指挥棒的作用，把超采区综合治理完成情况纳入最严格水资源管理制度考核。

56. 如何加强黑土地保护和各类退化耕地治理？

为落实藏粮于地、藏粮于技战略，加强耕地质量保护，2015 年农业部印发实施《耕地质量保护与提升行动方案》，根据我国主要土壤类型和耕地质量状况，针对耕地质量突出问题，因地制宜开展耕地质量建设。

一是加大黑土地保护。加强规划指导，2017 年，经国务院同意，农业部、国家发展改革委、财政部、国土资源部、环境保护部、水利部等联合印发实施《东北黑土地保护规划纲要（2017—2030年）》，坚持突出重点、综合施策，试点先行、逐步推进，用养结合、保护利用。推进法制化保护，东北四省（区）相继出台《内蒙古自治区耕地保养条例》《黑龙江省耕地保护条例》《辽宁省耕地质量保护办法》《吉林省黑土地保护条例》，推进黑土地保护利用法制化管理。坚持试点示范带动，2015 年起，农业部在东北黑土区启动实施东北黑土地保护利用试点，因地制宜集成推广黑土地保护利用综合治理技术模式，培育肥沃耕层，治理耕地土壤侵蚀。实施国家黑土地保护工程，2021 年，农业农村部会同国家发展改革委等部门编制《国家黑土地保护工程实施方案（2021—2025 年）》，统筹高标准农田建设、小流域综合治理、保护性耕作等措施，开展土壤侵蚀治理、农田基础设施建设、肥沃耕作层培育等，统筹政策资金，分区分类开展综合治理，形成长效保护机制。

二是加强退化耕地治理。2020 年，农业农村部启动退化耕地治理试点，以推进耕地可持续利用、农业高质量发展为目标，加强科研与推广的融合，针对不同区域土壤酸化、盐碱化问题，研究制定综合防治技术模式，因地制宜推广应用，实现防与治结合，提升耕地质量。2021 年，继续在长江中下游、西南地区、华南地区等南方粮食主产区的严重酸化区域加强酸化耕地治理试验示范，在西北灌溉区、滨海地区和松嫩平原西部等盐碱地集中分布区加强盐碱耕地治理试验示范，坚持工程、农艺、生物等措施相结合，统筹土、肥、水等要素，兼顾种植制度、灌溉制度和施肥制度，因地制宜探索构建退化耕地综合防治技术体系。重点突出综合治理示范区建设，依托新型经营主体，通过宣传典型、加强培训等方式，加强辐射引领带动作用。逐步构建专家包片指导制度，组建退化耕地治理专家指导组，加强科技支撑。

57. 如何建立多元化生态补偿机制？

党的十八大以来，生态保护补偿机制建设顺利推进，重点领域、重点区域、重点流域上下游以及市场化补偿范围逐渐扩大，投入力度逐步加大，体制机制建设取得初步成效。但在实践中还存在企业和社会公众参与度不高，优良生态产品和生态服务供给不足等矛盾和问题，亟须建立政府主导、参与主体多元、市场化运作、可持续的生态保护补偿机制，激发全社会参与生态保护的积极性。

一是建立多元化生态补偿机制，需要明确补偿领域和主体。生态保护需要各领域、各区域、各市场主体和每个人共同努力才能形成合力，生态补偿也要体现精准和多元化，形成生态环境保护的长效机制。要健全资源开发补偿、污染物减排补偿、水资源节约补偿、碳排放权抵消补偿制度，合理界定和配置生态环境权利，健全交易平台，引导生态受益者对生态保护者补偿。积极稳妥发展生态产业，建立健全绿色标识、绿色采购、绿色金融、绿色利益分享机制，引导社会投资者对生态保护者补偿。

二是建立多元化生态补偿机制，需要建立配套措施。健全生态补偿的激励机制，需要一系列配套措施。发挥政府在市场化、多元化生态保护补偿中的引导作用，吸引社会资本参与，对成效明显的先进典型地区给予适当支持。加强生态补偿调查监测，健全调查体系和长效监测机制。建立健全自然资源统一调查监测评价、自然资源分等定级价格评估制度，加强重点区域资源、环境、生态监测，完善生态保护补偿基础数据。强化生态补偿技术支撑，以生态产品产出能力为基础，健全生态保护补偿标准体系、政绩评估体系、统计指标体系和信息发布制度。完善自然资源资产负债编制方法，培育生态服务价值评估、自然资产核算、生态保护补偿基金管理等相关机构。鼓励有条件的地区开展生态系统服务价值核算试点，试点成功后全面推广。

三是建立多元化生态补偿机制，需要落实落细。强化统筹协调，发挥好生态保护补偿工作部际联席会议制度的作用，加强部门之间以及部门与地方的合作，协调解决工作中遇到的困难。加强工作进展跟踪分析，每年向生态保护补偿工作部际联席会议牵头单位报送情况。压实工作责任，各地要将市场化、多元化生态保护补偿机制建设纳入年度工作任务，细化工作方案，明确责任主体，推动补偿机制建设逐步取得实效。完善支持政策措施，加强对工作任务的督促落实。加强生态保护补偿政策宣传解读，及时宣传取得的成效，推广可复制的经验。传播各地好经验好做法，引导各类市场主体参与生态保护补偿，推动形成全社会保护生态环境的良好氛围。

58. 乡村建设行动重点任务有哪些?

党的十九届五中全会提出实施乡村建设行动,2021 年中央 1 号文件作出具体部署,既要落实到具体工程项目上,也要体现到真金白银支持上。"十四五"时期需要集中资源,集中建设,力争见到明显成效,乡村面貌得到显著变化。

一是编制好村庄规划。各地加快编制县域村庄布局,2021 年基本完成县级国土空间规划编制。积极有序推进"多规合一"实用性村庄规划编制。要立足村庄现有基础,保护好传统村落和乡村特色风貌,明确村庄布局分类。有条件、有需求的村庄要尽快实现村庄规划全覆盖;暂时没有编制规划的村庄,严格按照县乡两级国土空间规划中确定的用途管制和建设管理要求进行建设。

二是建设好乡村硬件。继续把公共基础设施建设的重点放在农村,在往村覆盖、往户延伸上下功夫。全面改善水电路气房讯等设施条件,支持 5G、物联网等新基建向农村覆盖延伸,重点改善通自然村道路和冷链物流等既方便生活、又促进生产的基础设施,探索建立长效管护机制。健全农村生活垃圾收运处置体系,建设一批有机废弃物综合处置利用设施。分类有序推进农村厕所革命,加强中西部地区农村户用厕所改造,实施村级综合服务设施提升工程,加强村级客运站点、文化体育、公共照明等服务设施建设。

三是持续推进县乡村基本公共服务一体化。推动教育、医疗、文化等公共资源在县域内优化配置。加强和改进乡村治理,推进农村移风易俗,打造善治乡村。提高农村教育质量,多渠道增加农村普惠性学前教育资源供给,发展职业技术教育与技能培训,完善农村特殊教育保障机制。推进健康乡村建设，提升村卫生室标准化建设和健康管理水平、乡镇卫生院医疗服务能力和县级疾控机构应对重大疫情及突发公共卫生事件的能力。完善统一城乡居民基本医疗保险制度，落实城乡居民基本养老保险待遇确定和正常调整机制，发展农村普惠型养老服务和互助性养老。健全统筹城乡的就业政策和服务体系，推动公共就业服务机构向乡村延伸。

59. 乡村建设怎么做到"望得见山、看得见水、记得住乡愁"？

乡村建设，要依托乡村现有山水脉络等独特风光，改善和保护好农村生产生活环境；充分尊重农民意愿，把握好农民在乡村建设中的主体地位，不强迫农民上楼，不搞一刀切，牢牢守住乡村建设是为农民而建的理念。把乡村建设成为养眼、洗肺、静心的居住地，旅游的好去处，投资的理想地，让居民在乡村能望得见山、看得见水、记得住乡愁。

一是乡村建设要尊重农民意愿。规划因地制宜，留住乡愁村韵。宜居不宜居，老百姓最有发言权。建设生态宜居的美丽乡村要从实际出发，根据乡村的地理位置、经济基础、民风民俗的差异，因县、因乡、因村施策，科学规划。要坚持以人为本，把以人民为中心的发展思想贯彻到乡村规划建设全过程各方面。要尊重农民意愿，充分考虑群众生产生活需要，保障农民利益。建不建、怎么建，不能光由地方政府说了算，而是要尊重民意，设身处地为农民着想，尤其要解决好乡村规划建设中涉及的土地问题，不能强制农民搬迁和上楼。

二是乡村建设要尊重自然生态和传统文化。要加强村庄风貌引导，保护好传统村落、传统民居和历史文化名村名镇，加大农村文化遗产遗迹保护力度，努力留住乡土韵味、彰显乡村本色。要体现尊重自然、顺应自然、天人合一的理念，注重地域特色，尊重文化差异，依托现有山水脉络等独特风光，根据不同地形地貌，巧借山形、善用水势，把挖掘传统民居风貌与引入现代生活要素结合起来，使美丽自然风光和民族特色文化与乡村建设相融合，使乡村风貌与当地自然风光、民族文化相得益彰。总之，既要融入现代元素，也要保护田园风光、诗意山水，让居民区融入大自然，让居民望得见山、看得见水、记得住乡愁。

三是乡村建设要加强生态保护。乡村建设过程中，要厚植生态底色，彰显乡村本色，解决好乡村环境突出问题，不断增加优质生态产品供给。巩固退耕还林还草成果，实行林长制，科学开展大规模国土绿化行动，完善草原生态保护补助奖励政策，绘就各具特色的乡村版"富春山居图"。开展农业面源污染治理，实施农村水系综合整治，强化河湖长制，着力改善农村水环境质量，提供良好的亲水环境。

60. 如何做好村庄规划工作?

实施乡村振兴战略要以科学规划为先导，一张蓝图绘到底。要坚持县域一盘棋，推动各类规划在村域层面"多规合一"；因地制宜、详略得当规划村庄发展，做到与当地经济水平和群众需要相适应；坚持保护与建设并重，防止调减耕地和永久基本农田面积、破坏乡村生态环境、毁坏历史文化景观；发挥农民主体作用，充分尊重村民的知情权、决策权、监督权。打造各具特色、不同风格的美丽村庄，实现村庄建设发展有目标、重要建设项目有安排、生态环境有管控、自然景观和文化遗产有保护、农村人居环境改善有措施。2019年，中央农办、农业农村部、自然资源部、国家发展改革委、财政部5部门联合印发《关于统筹推进村庄规划工作的意见》，指出实施乡村振兴战略，首先要做好法定的村庄规划，并对编制村庄规划提出明确要求。

一是合理划分县域村庄类型，统筹谋划村庄发展。结合乡村振兴战略规划编制实施，逐级研究村庄人口变化、区位条件和发展趋势，明确县域村庄分类。对于看不准的村庄，可暂不做分类，留出足够的观察和论证时间。统筹考虑县域产业发展、基础设施建设和公共服务配置，引导公共设施优先向集聚提升类、特色保护类、城郊融合类村庄配套。统筹谋划村庄发展定位、主导产业选择、用地布局、人居环境整治、生态保护、建设项目安排等，做到不规划不建设、不规划不投入。

二是充分发挥村民主体作用，调动农民的积极性。依托村级党组织和村民委员会开展村庄规划编制工作。成立由乡镇党委政府、县（市）政府有关部门、规划设计单位、村民代表共同组成的村庄规划编制工作组，深入开展驻村调研，详细了解村庄发展历史脉络、文化背景和人文风情，充分听取村民诉求，获取村民支持。规划文本形成后，组织村民充分发表意见，让村民参与集体决策。规划报送审批前，要经过村民会议或者村民代表会议审议，并在村庄内公示，确保规划符合村民意愿。

三是利用动员社会力量，组织开展规划服务。搭建乡村规划综合服务平台，引导大专院校、规划设计单位下乡开展村庄规划编制服务。支持优秀规划师、建筑师、工程师下乡服务，提供驻村技术指导。引导投资乡村建设的企业积极参与村庄规划工作，探索从规划到建设、运营的一体化管理。鼓励各地结合实际开展示范创建，总结一批可复制可推广的典型范例，发挥示范引领作用。

四是加强党的领导，建立健全工作机制。各地要严格落实中央统筹、省负总责、市县抓落实，五级书记抓乡村振兴的要求，建立县级党委、政府主要领导负责的乡村规划编制委员会，切实加强对村庄规划编制工作的领导，将村庄规划工作情况纳入市县党政领导班子和领导干部推进乡村振兴战略实绩考核范围，并作为下级党委、政府向上级党委、政府报告实施乡村振兴战略进展情况的重要内容。各级党委农村工作部门和政府农业农村、自然资源、发展改革、财政等部门要在同级党委政府领导下，立足职能、密切配合，形成村庄规划工作合力。

61. 如何建设数字乡村?

数字乡村是实施乡村振兴战略的重要环节，是建设数字中国的重要内容。"十四五"时期是数字乡村全面"布局"和重点"破题"的关键阶段，必须顺应时代趋势、把握发展机遇，紧紧围绕乡村振兴战略，做好规划制定，加强政策创设，推进试点示范，强化措施落实，加快数字技术推广应用，大力提升数字化生产力，抢占数字农业农村制高点，让广大农民共享数字经济发展红利。

一是完善信息基础设施。按照中央新基建部署，提升乡村网络设施水平，完善信息终端和服务供给，加快乡村基础设施数字化转型，搭建服务广大农村的精品网络、覆盖农村的移动网络，推动

5G、北斗、遥感等现代信息技术加快向田间、圈舍、渔塘延伸，提升农业生产的标准化、智能化、精准化水平。

二是推动农业数字化转型。建设天空地一体化观测体系，实现对农业生产全领域、全过程、全覆盖的实时动态监测。推动智能化装备应用和农机智能化改造，着力打通农业全产业链的数据采集、分析、应用闭环，推动农业研发、生产、加工、流通等各领域各环节的数字化、网络化、智能化，着力提升农业生产智能化、经营网络化水平。

三是加快推进乡村治理信息化。建立健全农村承包地、宅基地、集体经营性资产等各类资产资源的数字化管理系统，推动形成互动参与的农村基层治理模式。逐步推动惠民服务网络化，实现"互联网＋政务服务"、公共服务以及远程教育、远程医疗、远程咨询等各类服务向农村延伸，让农民可以便捷地享受和城里人同等的各类服务。

四是强化科技创新。针对农业农村的问题和痛点，加强农机智能制造、农业物联网、关键传感器等技术攻关，切实解决"卡脖子"问题。大力探索大数据、5G、人工智能、区块链等现代信息技术在防灾减灾、疫病防控、精准作业、产销对接、质量安全监管等方面的应用场景。加强产学研用合作，充分发挥企业作为创新主体的作用，加快现代信息技术创新集成、转化推广。选树一批智慧农业、数字乡村示范典型。

五是抓好机构队伍建设。加强农业农村网络安全和信息化的组织领导，理顺管理体制，加快职能转变，充分发挥信息中心系统的技术支撑作用。推动教育部门在相关大学、职业学校创新设置农业大数据、物联网、人工智能等专业及课程。加强农科院、农业大学等科研、教学单位的农业数字技术创新团队建设。加大培训力度，提升新型农业经营主体的数字技术应用技能。

62. 如何推进农村人居环境整治提升五年行动？

改善农村人居环境，是以习近平同志为核心的党中央从战略和全局高度作出的重大决策部署，是实施乡村振兴战略的重要任务，事关广大农民根本福祉，事关农村居民健康，事关美丽中国建设。推进农村人居环境整治提升，要坚持以人民为中心的发展思想，坚持绿水青山就是金山银山理念，深入学习推广浙江"千村示范、万村整治"工程经验，把农村人居环境整治提升作为实施乡村建设行动的重要内容，以推动美丽乡村建设为导向，以农村厕所革命、生活污水垃圾治理、村容村貌提升为重点，以改善农民生活品质为根本目的，全面提升农村人居环境质量，为全面推进乡村振兴、加快农业农村现代化、促进城乡协调发展、建设美丽中国提供有力支撑。

一是扎实推进农村厕所革命。逐步普及农村卫生厕所，指导有条件的地区积极推动厕所入室，新建农房应配套设计建设卫生厕所及粪污处理设施设备。科学选择改厕技术模式，宜水则水、宜旱则旱，在水冲式厕所改造中积极推广节水型、少水型水冲设施。严格执行标准规范，把标准规范贯穿于农村改厕全过程。加强农村厕所革命与生活污水治理有机衔接，因地制宜推进厕所粪污分散处理、集中处理与纳入污水管网统一处理，鼓励联户、联村、村镇一体处理。积极推进农村厕所粪污资源化利用，充分结合农业绿色发展，统筹使用畜禽粪污资源化利用设施设备，逐步推动厕所粪污就地就农消纳、综合利用。

　　二是加快推进农村生活污水治理。优先治理京津冀、长江经济带、粤港澳大湾区、黄河流域及水质需改善控制单元等区域，重点整治水源保护区、黑臭水体集中区域、城乡接合部、乡镇所在地、中心村、旅游风景区等地区农村生活污水。开展平原、山地、丘陵、缺水、高寒和生态环境敏感等典型地区农村生活污水治理试点，合理采取纳入污水管网统一处理、联村联户集中处理、单户分散处理等模式。摸清全国农村黑臭水体底数，建立治理台账，明确治理优先序。开展农村黑臭水体治理试点，以房前屋后河塘沟渠和群众反映强烈的黑臭水体为重点，采取控源截污、清淤疏浚、生态修复、水体净化等措施进行综合治理，建立健全促进水质改善的长效运行维护机制。继续实施农村水系综合整治试点，建设一批水美乡村。

　　三是全面提升农村生活垃圾治理水平。因地制宜选择适合本地实际的农村生活垃圾处理方式，统筹选用县市处理、片区处理、镇村处理等处置模式。优化收运处置设施布局，完善县、乡、村三级设施建设和服务，实现每个县（市、区）具备可覆盖农村的无害化处理设施或能力。合理建设或配置村庄垃圾收集房（点、站）或收运车辆，基本实现自然村组全覆盖。建设完善乡镇垃圾转运设施，实现每个乡镇具备垃圾转运能力。加快开展农村生活垃圾源头分类减量，积极探索符合农村特点和农民习惯、简便易行的分类处理模式。协同推进农村有机生活垃圾、厕所粪污和农业生产有机废弃物处理和资源化利用，以乡镇或行政村为单位建设一批区域农村有机废弃物综合处置利用中心，探索就地就近就农处理和资源化利用的路径。

　　四是推动村容村貌整体提升。推动"四好农村路"高质量发展，开展"四好农村路"全国示范省、示范市、示范县创建。加大农村电网改造升级力度，提高农村供电服务水平和生活电气化水平。完善村庄公共照明设施，有条件的村内主干道和公共场所基本实现全覆盖。提升农村供水保障水平，实施农村供水工程规模化建设和升级改造项目。进一步提升北方农村地区清洁取暖水平，逐步推动居民取暖领域散煤替代力度。全面清理私搭乱建、乱堆乱放，整治残垣断壁。规范散养农户的畜禽养殖行为，生活区域内实行圈养。加强农村电力线、通信线、广播电视线"三线"维护梳理工作。深入实施乡村绿化美化行动，持续推进乡村绿化美化。大力推进村庄整治和庭院整治，编制村容村貌提升导则，促进村庄形态与自然环境、传统文化相得益彰。加强村庄建筑风貌引导，加强农房建设质量监管。

63. 如何建立健全农村基础设施长效管护机制？

农村公共基础设施是促进农村经济社会持续健康发展的重要支撑，是推进乡村全面振兴的重要基础。2019年10月，经中央全面深化改革委员会会议审议通过，国家发展改革委、财政部联合印发了《关于深化农村公共基础设施管护体制改革的指导意见》，推动构建适应经济社会发展阶段、符合农业农村特点的农村公共基础设施管护体系，全面提升管护水平和质量。

一是建立明晰的管护责任制度。落实地方政府主导责任，编制农村公共基础设施管护责任清单。压实行业主管部门监管责任，按照部门职责分工制定本领域农村公共基础设施管护制度、标准和规范。充分发挥村级组织作用，村级组织对所属公共基础设施承担管护责任，村民自治组织要对应由村民自治组织管护、委托他人代管的设施承担监督责任。强化运营企业管护责任，全面加强对所属农村公共基础设施的管护。落实受益者责任，鼓励采用"门前三包"、党员责任区、文明户评选等形式，引导农民参与管护。

二是健全高效的分类管护机制。完善非经营性设施政府或村级组织管护机制，鼓励地方政府逐步由直接提供管护服务向购买服务转变，鼓励集体经济实力强的村对所属公共基础设施实行统一管护。健全准经营性设施多元化管护机制，地方政府和集体经济实力强的村根据实际情况对运营企业予以合理补偿。创新经营性设施市场化管护机制，鼓励各类企业、专业机构从事运营管护，鼓励运营企业与村级组织开展管护合作。梯次推进公共基础设施城乡一体化管护，将城市公共基础设施管护资源、模式和手段逐步向农村延伸。

三是完善相关的管护配套制度。健全农村公共基础设施产权管理制度，推动各类农村公共基础设施确权登记颁证，实行信息化、动态化管理。建立设施建设与管护机制同步落实制度，在项目规划设计阶段，要明确设施管护主体、管护责任、管护方式、管护经费来源等。建立市场化专业化管护制度，制定完善鼓励社会资本和专业化企业有序参与农村公共基础设施管护的政策措施，形成多元化管护格局。

四是优化多元的资金保障机制。加快建立政府投入稳定增长机制，地方各级政府要将应由政府承担的农村公共基础设施管护费用纳入本级政府预算。拓宽管护经费来源渠道，调整完善土地出让收入使用范围，加大对农村公共基础设施管护的投入力度。农村集体经营性建设用地入市收益，安排一定比例用于农村公共基础设施管护。村级组织可通过提取公益金、村民"一事一议"制度等，积极筹措管护资金。探索开展农村公共基础设施灾毁保险。逐步完善农村准经营性、经营性基础设施收费制度。

乡风文明篇

64. 为什么说乡风文明是乡村振兴的紧迫任务？

乡村振兴既要看农民口袋里票子有多少，更要看农民精神风貌怎么样。加强乡风文明建设，既是乡村全面振兴的重要内容，也是推动乡村全面振兴的重要保障。

一是乡村全面振兴的灵魂。在乡村振兴战略五个方面的总要求中，乡风文明蕴含丰富的文化内涵，坚持以社会主义核心价值观引领乡村文化建设，从根本上解决农民群众思想观念和精神面貌上存在的问题，是推动乡村全面振兴最基本、最深沉、最持久的力量。抓住乡风文明建设，就抓住了乡村全面振兴的关键。

二是为乡村全面振兴提供精神动力。实现乡村全面振兴的主体是广大农民群众，最终目的是农民群众素质的提高、乡村物质财富的增加和乡村社会的整体进步。推动文明乡风、良好家风、淳朴民风的形成，能够帮助农民群众树立发展信心，改变落后思想观念，主动摒弃陈规陋习，养成良好生活、行为习惯，正确处理富脑袋与富口袋的关系；能够帮助农民群众提高思想道德和科学文化等各方面素质，凝聚人心，提振精气神，调动其参与乡村全面振兴的积极性、主动性和创造性。

三是满足农民群众对美好生活向往的重要方面。追求科学文明健康的生活方式，渴望良好的人际关系和社会风气，希望生活在和谐安定、协调有序的社会环境，盼望享受到现代化文明成果，是广大农民群众的一致追求和愿望。只有促进乡风文明，才能顺应农民群众的愿望，满足精神需求，增强精神力量，丰富精神世界，促进农民群众素质的提高和乡村的全面发展。

四是为推动乡村全面振兴营造和谐稳定的社会环境。乡村全面振兴需要和谐稳定的乡村环境作保障，没有和谐稳定的乡村环境，乡村全面振兴也无法顺利推进。和谐稳定的社会环境，是乡村全面振兴的内在要求和重要保证，关系到乡村振兴的文明程度和质量水平，关系到农民群众的获得感、幸福感、安全感，是乡风文明程度最直接的体现。

65. 建设文明乡风的着力点有哪些？

乡风文明，是乡村振兴的紧迫任务，重点是弘扬社会主义核心价值观，保护和传承农村优秀传统文化，加强农村公共文化建设，开展移风易俗，改善农民精神风貌，提高乡村社会文明程度。

一是深入推进农村思想政治工作。深入开展习近平新时代中国特色社会主义思想学习教育，坚持用党的创新理论武装农村广大党员群众和"三农"干部，在学懂弄通、学以致用上下功夫。加强宣传党的路线方针和强农惠农富农政策，在农村开展主题出版物阅读推广活动。加强新时代文明实践中心建设，开展理论宣讲、政策宣传、价值引领、文化生活等多种形式的文明实践活动。加强乡村群众性思想政治工作，突出对农村社会热点难点问题的思想疏导，合理引导社会预期。深入开展"听党话、感党恩、跟党走"宣讲活动，引导广大农民群众坚定信心跟党走。

二是弘扬社会主义核心价值观。以社会主义核心价值观为引领，发挥农业农村部门与农民联系紧密、服务直接的优势，在做好惠农服务的同时加强思想道德教育，以真情暖人心，以服务聚民意。积极参与文明村镇创建，发现和宣传农民群众身边的道德模范和先进典型。深入挖掘优秀传统农耕文化蕴含的思想观念、人文精神、道德规范，发挥优秀农耕文化的道德教化作用，弘扬主旋律和社会正气，引导农民向上向善，倡导乡村文明新风尚，提振农民群众精气神。

三是推进农村移风易俗。指导制定或修订村规民约，充实婚事新办、丧事简办、孝亲敬老等移风易俗内容。在村党组织统一领导下，引导和鼓励村民委员会依据村规民约出台具体约束性措施，对红白喜事大操大办、不赡养老人等进行治理。规范村内红白理事会、老年人协会、村民议事会、道德评议会等群众组织运行，积极组织开展婚丧嫁娶服务、邻里互助和道德评议等活动。有针对性地开展舆论监督，坚决抵制婚丧陋习、天价彩礼、孝道式微和老无所养等不良社会风气。深化文明村镇和文明家庭创建，引导形成积极向上的社会风气，大力培育新时代中国特色社会主义乡村文明。

四是组织形式多样的群众文化活动。完善农村公共文化服务体系，深入推进文化下乡，广泛开展群众乐于参与、便于参与的文体活动。增强文化惠民的服务效能，为乡村提供更多更好的公共文化产品和服务。组织实施好中国农民丰收节，支持举办乡村丰收节庆活动，保护乡村文化多样性，打造一批特色丰收节庆、文化活动品牌。培育挖掘乡土文化人才，活跃繁荣乡村文化市场，丰富农村文化业态，进一步满足农民群众的文化和精神需求，促进人的全面发展，增强农民群众的获得感、幸福感。

66. 乡村文化振兴的目标要求是什么？

文化振兴是乡村振兴的铸魂工程，在推动乡村全面振兴中具有重大意义。文化兴乡村兴，文化强乡村强。只有不断丰富乡村文化内涵，让乡土文化温润乡村"精气神"，才能让乡村焕发生机与活力，促进农业高质高效、乡村宜居宜业、农民富裕富足。

乡村振兴，乡风文明是保障，必须坚持物质文明和精神文明一起抓，提升农民精神风貌，培育文明乡风、良好家风、淳朴民风，不断提高乡村社会文明程度。《乡村振兴战略规划（2018—2022年）》（以下简称《规划》）指出，实施乡村振兴战略是传承中华优秀传统文化的有效途径。中华文明根植于农耕文化，乡村是中华文明的基本载体。实施乡村振兴战略，深入挖掘农耕文化蕴含的优秀思想观念、人文精神、道德规范，结合时代要求在保护传承的基础上创造性转化、创新性发展，有利于在新时代焕发出乡风文明的新气象，进一步丰富和传承中华优秀传统文化。《规划》就繁荣发展乡村文化强调，要坚持以社会主义核心价值观为引领，以传承发展中华优秀传统文化为核心，以乡村公共文化服务体系建设为载体，培育文明乡风、良好家风、淳朴民风，推动乡村文化振兴，建设邻里守望、诚信重礼、勤俭节约的文明乡村。要深入挖掘、继承创新优秀传统乡土文化，把保护传承和开发利用结合起来，赋予中华农耕文明新的时代内涵。

乡村文化振兴的目标是，到2022年，乡村优秀传统文化得以传承和发展，农民精神文化生活需求基本得到满足。到2035年，乡风文明达到新高度。到2050年，乡村全面振兴，农业强、农村美、农民富全面实现。

67. 如何保护传承优秀农耕文化？

中华农耕文化历史悠久、博大精深，是中华民族历经数千年发展的智慧结晶，更是中华优秀传统文化的底色和根基。党的十八大以来，以习近平同志为核心的党中央高度重视优秀农耕文化的保护传承。习近平总书记多次强调，中华文明根植于农耕文明，乡村文明是中华民族文明史的主体，农耕文化是我国农业的宝贵财富。2018 年中共中央、国务院印发的《关于实施乡村振兴战略的意见》提出："切实保护好优秀农耕文化遗产，推动优秀农耕文化遗产合理适度利用。深入挖掘农耕文化蕴含的优秀思想观念、人文精神、道德规范，充分发挥其在凝聚人心、教化群众、淳化民风中的重要作用。"2021 年中央 1 号文件再次强调要"加大农村地区文化遗产遗迹保护力度"，"深入挖掘、继承创新优秀传统乡土文化，把保护传承和开发利用结合起来，赋予中华农耕文明新的时代内涵"。保护传承优秀农耕文化，可以从三个方面着手。

一是保护传承农业文化遗产。农业文化遗产是中华民族在与自然环境长期协同发展中创造并传承至今的独特农业生产系统，具有丰富的农业生物多样性、完善的传统知识与技术体系和独特的文化景观，是见证和传承农耕文化的重要载体。要加强农业文化遗产调查，掌握分布和保护现状，摸清底数。分批认定中国重要农业文化遗产，夯实农业文化遗产地保护传承责任，提高规范化管理水平，稳定文化遗产的规模、范围，使其基本功能得到有效传承。在有效保护基础上加强展示宣传，大力推进转化创新，探索合理利用的模式路径，发展休闲农业、农耕体验、科普教育等农文旅结合新业态。

二是保护传承乡村传统技艺。乡村大量存在着以农业为基础，与老百姓生产、生活息息相关的传统技艺，带有鲜明的民族、区域特色和历史烙印，是保护传承农耕文化的重要内容。要开展抢救性记录整理，形成视频、文字资料。探索以农耕文化博物馆、展示馆、村史馆等为载体，将当地农村的传统技艺和历史文化进行集中展示，汇聚一支乡村技艺传承人队伍。利用互联网、新媒体等手段和平台，挖掘好、讲述好乡村传统技艺的文化历史故事，形成品牌影响力。

三是保护传承农村传统节庆民俗。农村传统节庆民俗寓教于乐、老百姓喜闻乐见，是带动农民群众参与乡村文化建设的重要抓手，同时也是体现地域特色的文化名片，对于促进农村主导产业发展、吸引各方关注、发展休闲旅游产业等都具有重要价值。要依托丰富的农村传统节庆民俗资源，深入发掘其中的历史文化内涵，形成当地独有的文化特色。同时，尊重市场规律，发展特色节庆民俗经济，吸引游客参与节庆文化活动的同时，体验特色美食、领略青山绿水、享受田园乐趣。

68. 如何持续推进移风易俗?

持续推动移风易俗要坚持以习近平新时代中国特色社会主义思想为指导，贯彻中央农村工作会议精神，加强党对"三农"工作的全面领导，深入推进新时代农村精神文明建设，健全文明乡风管理机制和工作制度，遏制农村陈规陋习蔓延势头，提升农民精神风貌，培育乡村文明新风尚，促进农村社会和谐稳定。

一是充分发挥村规民约和村民自治组织的作用。要指导制定或修订村规民约，充实移风易俗内容。在村党组织统一领导下，引导和鼓励村民委员会依据村规民约出台具体约束性措施，对红白喜事大操大办、不赡养老人等进行治理。规范村内红白理事会、老年人协会、村民议事会、道德评议会等群众组织运行，完善组织章程和各项制度，广泛开展议事协商，积极组织开展婚丧嫁娶服务、邻里互助和道德评议等活动。

二是加强农村思想道德教育和宣传。把道德教育作为新时代文明实践的重要工作，调动各方，统筹推进，引导农民爱党爱国、向上向善、孝老爱亲、重义守信、勤俭持家。广泛深入报道农村涌现的婚事新办、丧事简办、孝亲敬老等事迹，用身边事教育身边人，积极引导树立正确婚丧观和弘扬中华孝道。有针对性地开展舆论监督，坚决抵制婚丧陋习、天价彩礼、孝道式微和老无所养等不良社会风气。充分发挥农村老党员、老干部等各类人才作用，用嘉言善行垂范乡里、影响群众。

三是创新养老婚恋等重点领域惠民服务。充分发挥共青团、妇联等群团组织作用，搭建农村青年婚恋教育、婚恋交友、婚姻服务平台，为农村青年提供婚恋服务，宣传引导抵制高额彩礼、奢华婚礼。推广农村互助型养老，改善互助性养老设施，高度重视老年人感情需求和人文关怀，积极引入相关公益组织，不断完善服务方式、内容等。鼓励依托村级综合服务设施等场所，为村民举办婚丧宴席提供便利和服务。

四是加强有效管理和落实工作责任。强化党委领导责任，在全面从严治党、乡村振兴中大力推进移风易俗，充分发挥政治功能和组织优势，把推动革除婚丧陋习、抵制天价彩礼、解决孝道式微等问题列为重要工作内容，建立管用有效的工作机制，制定有针对性的政策措施，统筹调动各方力量，推动农村婚丧、孝道风气实现好转。各级领导干部应以身作则，率先垂范，在移风易俗中走在前头。建立农村党员干部操办婚丧事宜报备制度，发挥组织监督和群众监督作用。

69. 如何丰富乡村文化生活？

我国社会主要矛盾已经转化为人民日益增长的美好生活需要和不平衡不充分的发展之间的矛盾。当前，农民群众的美好生活需要日益广泛，不仅对物质生活提出了更高要求，也对精神文化生活提出了更高要求。只有进一步丰富活跃乡村文化生活、提升乡村文化建设品质，才能有效满足农民群众精神文化需求，增加他们的获得感幸福感安全感。

一是加强乡村文化产品供给与服务。繁荣"三农"题材文艺创作，积极推出展现乡村振兴生动实践、塑造新型农民形象的优秀文艺作品，推出农民喜闻乐见的广播电视和网络节目，推出特色鲜明、深接地气和传递正能量的优秀出版物。开展"互联网＋公共文化服务"，推动云演出、云展览、云课堂等线上服务，搭建线上线下相结合的社会化供给平台。深入推动公共数字文化建设，促进社会力量全产业链参与公共服务供给，解决基层群众公共文化产品和服务手段匮乏问题。鼓励农民开展体育健身活动，推进公共体育设施建设，鼓励有条件的乡村企事业单位和学校向农村居民免费或低收费开放体育场地设施。举办多层次多类型的农民体育赛事活动，积极发展民族传统体育项目，推动乡村体育与文化深度融合，在体育健身中增强文化体验。

二是积极开展乡村文化活动。要深入挖掘、活化利用和创新发展传统节日的文化内涵，积极开展传统节日文化活动、民俗文化活动，既丰富基层群众的节日文化生活，又充分发挥传统节日的思想熏陶和文化教育功能，引导农民形成正确的价值取向。整合优质资源与力量，持续开展文化进万家、戏曲进乡村、欢乐下基层、新时代乡村阅读季、农民文化艺术节、乡村春晚、广场舞、农民歌会、诗歌故事会、农民剧团演出、楹联征集、书画摄影创作等乡村文化活动，不断满足农民群众多样化、个性化需求，尤其要注重保障特殊群体的基本文化权益。支持举办乡村丰收节庆活动，组织好中国农民丰收节，打造特色丰收节庆、文化活动品牌，形成节庆新民俗。扶持引导群众自办文化活动，鼓励具有乡土特色的文艺创作，鼓励自编自导、自演自赏，为基层群众展示艺术才华、实现艺术理想搭建平台，充分调动广大农民参与文化生活的积极性、主动性和创造性，激发乡村文化创新创造活力，为乡村振兴提供精神文化支撑。

三是进一步巩固乡村公共文化阵地。加强乡镇综合文化站、村综合文化中心等基层综合性文化服务中心的建设、管理和使用，因地制宜建设文化礼堂、乡村戏台、文化广场、非遗传习场所等主题功能空间，为农民群众提供更多更好的文化活动场所，全面实现宣传文化、党员教育、科技普及、普法教育、体育健身、旅游电商、就业辅导等多种功能，提高基本公共服务的覆盖面和适用性。积极推动县级图书馆文化馆总分馆制，畅通优质文化资源下沉渠道；强化县级总馆建设，实现总分馆图书资源的通借通还、数字服务的共享、文化活动的联动和人员的统一培训；合理布局分馆建设，鼓励将若干人口集中、工作基础好的乡镇综合文化站建设为覆盖周边乡镇的区域分中心，具备条件的可在村基层综合性文化服务中心建设基层服务点；推进农家书屋数字化建设，推动农家书屋与县级图书馆资源整合和互联互通，符合条件的农家书屋也可作为县级图书馆分馆。积极推行"互联网＋公共文化服务"，加强乡村网络文化阵地建设，推进数字文化资源进乡村，广泛开展电子商务、在线教育、在线医疗、在线网络文化活动等服务，加强乡村优秀传统文化、民俗文化和乡土文化的新媒体传播。

四是加强公共文化基础设施建设和产品供给。加强广播电视基础设施建设，提升广播电视节目无线数字化覆盖，充分利用广播电视网络渠道，为乡村提供生活服务、文化旅游、教育培训、医疗健康、电子商务等多方面便捷高效的综合服务。加强乡村电影院线建设，积极推动改善乡村观影条件；发挥流动放映作用，稳步发展公益电影放映工作，为乡村群众提供数字电影放映服务。要切实按照《国家基本公共服务标准（2021年版）》的要求，为乡村群众提供公共文化设施免费开放、戏曲等文艺演出下乡、广播节目和突发事件应急广播服务、电视节目服务、数字电影放映服务、读书看报服务、少数民族文化服务等丰富多样的公共文化服务，不断提升乡村公共文化服务标准化水平。可探索推广"乌兰牧骑"等红色文艺轻骑兵形式，大力发展城乡流动文化服务。可拓展社会力量参与公共文化服务，积极探索乡村公共文化设施社会化运营，促进社会力量全产业链参与公共服务供给。

70. 如何办好中国农民丰收节？

经党中央批准、国务院批复，自2018年起，每年农历秋分被设立为"中国农民丰收节"。这是第一个在国家层面专门为农民设立的节日。中国农民丰收节的设立，是以习近平同志为核心的党中央始终坚持"三农"重中之重战略定位的深刻体现，有利于进一步彰显"三农"工作的重要地位，传承弘扬农耕文明，提升亿万农民的获得感、幸福感、安全感。

办好中国农民丰收节，要秉持"庆祝丰收、弘扬文化、振兴乡村"的宗旨，遵循"务实、开放、共享、简约"的原则，坚持农民主体、政府引导，各地要因地制宜、突出特色开展喜闻乐见的活动，展示乡村振兴新面貌。

一是把以习近平同志为核心的党中央的高度重视，作为办好丰收节的根本保障。习近平总书记亲自推动设立丰收节，连续4年致以节日问候，2020年还特别强调各级党委和政府要切实落实好党中央关于"三农"工作的大政方针和工作部署，为办好丰收节提供了坚强政治保障。深入贯彻落实习近平总书记重要指示，加强对丰收节的组织领导，是有效推动丰收节活动顺利开展、成风化俗的重要保障。

二是把引导农民群众广泛参与，作为办好丰收节的立足点。丰收节节庆活动要把镜头对准农民，让农民成为节日的主体。各地要突出区域特色、民族特色、乡村特色，贴近"三农"一线，以县乡村为主，举办开镰节、开渔节、民俗体验、丰收大集、农事绝活、农事比赛等丰富多彩的系列节庆活动，吸引广大农民广泛参与。积极挖掘农耕文化，开展农民歌会、非遗展演、农民自编自演等文化活动，丰富乡村文化，满足农民群众精神文化需求，传承农耕文明。

三是把点线面结合激发基层活力，作为办好丰收节的基本路径。丰收节庆的重点在县乡村，节日魅力也在县乡村。要通过采取"点动成线、线动成面"的工作思路，抓一批地方特色节庆活动，组织跨区联动，以更宽视野、更大纵深谋划丰收节活动，形成上下联动、遍地开花的节日氛围。要积极协调各部门参与丰收节，丰富活动形式，拓展节日内涵，鼓励每个县至少重点支持培育一项丰收节庆活动，营造全社会关注农业、关心农村、关爱农民的浓厚氛围。

四是把发挥市场优势、吸引社会关注，作为办好丰收节的重要支撑。坚持开放、多元、包容办节，注重发挥丰收节平台效应，打造开放平台载体，吸引龙头企业、行业组织、电商平台等各类主体参与丰收节，整合社会资源、调动市场力量，努力把丰收节打造成亿万农民庆丰收、全面参与享丰收的盛大节日。积极组织开展多渠道广覆盖的宣传推广活动，推动主流新闻媒体加大对丰收节的宣传报道，充分利用互联网平台提升丰收节的参与性、互动性。

71. 如何培育和挖掘乡村文化人才？

乡村振兴，关键在人。中共中央办公厅、国务院办公厅印发的《关于加快推进乡村人才振兴的意见》对加强乡村文化旅游体育人才队伍建设作出了具体部署。文化旅游部等部门印发的《关于推动公共文化服务高质量发展的意见》等多个文件也对培育和挖掘乡村文化人才提出了明确要求。

一是深入发掘乡村优秀文化资源，培养扎根乡村的乡土文化人才。建立健全乡村文化人才的发现、培养、使用和评价机制，为基层文化队伍搭建展示才华的平台。扎实做好重发现、重培育工作。完善文化和旅游、广播电视、网络视听等专业人才扶持政策；推动文联基层组织建设，支持群众性文艺社团、创作团队、演出团队、业余文化队伍等乡土文艺团组发展；积极开展乡村地区非遗传承人群的能力建设，扶持非遗传承人、民间艺人收徒传艺，调动乡村青年人群参与非遗传承的积极性；支持培养长期扎根基层、有责任心、有能力、具有深厚实践经验的文化战线专家型干部；积极培育扎根乡村、乐于奉献、服务群众的乡土文化能人、文化志愿者、乡村旅游示范者、基层文化设施管理人员等。组织好研修研习培训工作，强化实践引导，创新交流机制，积极探索示范性培训、巡讲、远程培训等多样化方式，鼓励文化艺术职业院校开展合作培训，力争开创"培训一人、带动一片"的良好局面。

二是广泛开展文化志愿服务，推动文化人才返乡下乡。大力倡导文化志愿服务，积极发展文化志愿者队伍，建立健全乡村文化志愿服务体系，开展好"春雨工程""阳光工程""圆梦工程"等示范性志愿服务项目。通过人才支持计划文化工作者专项等形式，鼓励城市文艺团体和文艺工作者向乡村输送优秀文艺作品，支持引导人才向边远贫困地区、边疆民族地区、革命老区和基层一线流动，为包括留守儿童、老年人、残疾人等特殊群体在内的群众提供更优质、更广泛的文化和旅游志愿服务。加强对新生代乡村进城务工人员的文化帮扶，推动他们成为城乡文化交流的重要力量。鼓励建立多元化的文化治理模式，探索以"乡贤＋志愿服务"等方式促进乡村文化建设，支持专业文化工作者和社会各界参与乡村文化服务及乡村文化设施的管理运营，激活基层文化阵地。

三是扎实做好管理激励工作，营造文化人才培育良好环境。落实基层文化服务岗位人员编制和经费，保持基层文化队伍相对稳定；结合本地实际，采取县招乡用、派出制、县乡双重考核等形式，配齐配强乡镇综合文化站文化专干。在农村实用人才带头人和大学生村官示范培训、高素质农民培育计划中，也要注重加强乡村文化人才培养，推动乡村文化人才队伍发展壮大，通过多种形式大力宣传农村人才工作政策、优秀人才成长经历和典型事迹，营造支持乡村文化人才发展和队伍建设的良好氛围。

72. 如何保护发展传统村落？

传统村落是指村落形成较早，拥有较丰富的传统资源，现存比较完整，具有较高历史、文化、科学、艺术、社会、经济价值的村落，传承着中华民族的历史记忆、生产生活智慧、文化艺术结晶和民族地域特色，维系着中华文明的根，寄托着中华各族儿女的乡愁，是彰显和传承中华优秀传统文化的重要载体。2012 年起，住房城乡建设部会同有关部门开展传统村落调查挖掘工作，先后分 5 批将 6819 个具有重要保护价值的村落列入中国传统村落名录。近年来，传统村落保护工作取得一定成效，扭转了传统村落快速消失的局面，中国传统村落已成为世界上最大的农耕文明遗产保护群。在全面推进乡村振兴的背景下，要进一步做好传统村落的保护、更新和发展等工作，努力推动传统村落保持质朴之美，焕发永久生机和活力。

一是切实保护文化遗产。统筹保护、利用与发展的关系，努力保持村庄的完整性、真实性和延续性。切实保护村庄的传统选址、格局、风貌以及自然和田园景观等整体空间形态与环境，全面保护文物古迹、历史建筑、传统民居等传统建筑，古路桥涵垣、古井塘树藤等历史环境要素，重点修复传统建筑集中连片区，推进文物保护单位集中连片传统村落整体保护利用，提升对传统村落内不可移动文物的保护利用水平。对传统建筑的修缮和改造要谨慎推进，更多运用传统工艺、使用乡土材料。要保护好非物质文化遗产以及与其相关的实物和场所。建好传统村落数字博物馆，推动传统村落数字化，充分展示中国传统村落风貌。

二是着力改善基础设施和公共环境。应尊重原住居民生活形态和传统习惯，加快改善村庄基础设施和公共环境。在不破坏传统格局、符合传统村落风貌控制要求的基础上，整治和完善村内道路、供水、垃圾和污水治理等基础设施，完善消防、防灾避险等必要安全设施，治理改善文化遗产周边、公共场地、河塘沟渠等公共环境。有闲置传统建筑可利用时，村落公共服务设施应优先利用闲置传统建筑，不提倡新建博物馆、陈列室、卫生室、超市等公共类项目。不应进行不符合实际的村口改造，不应将大广场、大型游憩设施、大型旅游设施等生硬嫁接到传统村落。实施好乡村绿化美化，建设美丽乡村、森林乡村，推进山水林田湖草共同体开发和保护，加强乡村自然风貌、古树名木等保护，推动美丽庭院、宜居农房建设。

三是加强文化遗产的合理利用。开展研究和教育实践活动，挖掘社会、情感及历史科学艺术价值，延续和拓展使用功能。继承发扬优秀传统乡土文化，使历史记忆、地域特色、民族特点融入乡村建设与维护中，让历史悠久的农耕文明在新时代展现新魅力、新风采。引导村民在合理适当改善传统村落保护条件的基础上，从事生产生活和文化传承。合理利用村庄特色资源，挖掘经济价值，加强村落活态保护，适度有序发展传统特色产业和旅游，形成特色资源保护与村庄发展的良性互促机制，让传统村落见人见物见生活。要从村落经济、交通、资源等条件出发，正确处理资源承载力、村民接受度、经济承受度与村落文化遗产保护间的关系，严格控制旅游和商业开发项目，不能不顾现实条件一味发展旅游，搞整村开发和过度商业化。

四是建立健全保护管理机制。做好村落文化遗产详细调查工作，按照"一村一档"要求建立健全传统村落档案和保护管理信息系统，并设置好传统村落保护标志，实行挂牌保护，严格实施预警和退出机制。落实责任义务，制定完善保护发展规划，涉及文物保护单位的，还应编制文物保护规划，涉及非物质文化遗产代表性项目保护单位的，也要制定保护措施，同时积极探索传统民居产权制度改革，探索建立传统建筑认领保护制度。出台落实建设管理、资金投入、技术指导等方面的支持政策，探索政府和社会资本合作模式，利用补助、无息贷款、贴息贷款等综合支持传统民居保护和基础设施建设，鼓励引导社会力量通过捐资捐赠、投资入股等方式积极参与进来，有条件的还可整合各类涉农资金向传统村落倾斜，形成多渠道、多类型的支持体系，助力乡村优秀传统文化传承发展。

治理有效篇

73. 为什么说治理有效是乡村振兴的重要保障?

习近平总书记指出,乡村振兴离不开和谐稳定的社会环境。没有乡村的有效治理,就没有乡村的全面振兴。改革开放以来,我国农业农村发展取得巨大成就,农业综合生产能力有了根本性提高,农民生活水平实现历史性跨越,农村面貌发生了翻天覆地的变化。同时,农村社会经济结构、组织形式、就业方式、思想观念发生了深刻变革,乡村社会存在诸多亟待解决的问题,乡村治理面临着新的形势与挑战。当前,我国乡村治理体系和治理能力的现代化水平还不高,治理理念、治理方式、治理手段存在着许多不适应的地方。只有在加强和改进乡村治理上下功夫,健全党组织领导的自治、法治、德治相结合的乡村治理体系,夯实乡村治理这个根基,才能推动农村经济、政治、文化、社会、生态文明建设协调发展,把乡村振兴的总要求落到实处。

一是巩固党在农村执政基础的必然要求。自古以来,郡县治,天下安;乡村治,郡县稳。乡村治理不仅关系到农业农村改革发展,更关乎党在农村的执政基础,影响着社会大局稳定。当前,一些基层党组织软弱涣散,干部队伍老化,带动农民共同发展的能力不强、手段不多,有些农村地区被黑恶势力、非法宗教势力渗透,长此以往将严重影响党的群众基础,侵蚀党的执政根基。只有不断抓实建强农村基层党组织,完善乡村治理体系和治理能力建设,夯实党的执政基础,才能维护农村社会发展稳定,实现乡村全面振兴。

二是推进国家治理体系和治理能力现代化的必然要求。党的十九届四中全会提出坚持和完善中国特色社会主义制度、推进国家治理体系和治理能力现代化的总体目标。乡村处于国家治理体系的最基层，是社会的终端和末梢。乡村治理是国家治理的基石。根据第七次全国人口普查数据，目前我国还有超过 5 亿人生活在农村，必须着眼于解决城乡发展不平衡、农村发展不充分的问题，实现乡村治理体系与治理能力现代化和国家治理体系与治理能力现代化协调同步。

三是满足农民群众美好生活需要的必然要求。当前，农民对民主、法治、公平、正义、文化、安全、环境等的需要日益增长，但乡村治理各方面的制度安排、政策举措、方式方法还不能很好地适应这些新情况新要求。只有坚持问题导向、目标导向，着力解决好农村社会治理中的突出问题，净化农村基层政治生态，实现乡村善治，给老百姓一个公道清明的乡村，才能切实增强农民群众的获得感、幸福感和安全感，才能真正实现乡村的全面振兴。

74. 如何加强和改进乡村治理？

习近平总书记强调，要加强和创新乡村治理，健全自治、法治、德治相结合的乡村治理体系。2019 年中共中央办公厅、国务院办公厅出台了《关于加强和改进乡村治理的指导意见》，明确了 17 项主要任务。加强和改进乡村治理工作，主要做好以下几个方面。

一是全面加强农村基层党组织建设。要抓实建强农村基层党支部。全面落实村"两委"换届候选人县级联审机制，实施村党组织带头人整体优化提升行动，持续整顿软弱涣散村党组织。要加强和改善村党组织对村级各类组织的领导。建立健全以基层党组织为领导、村民自治组织和村务监督组织为基础、集体经济组织和农民合作组织为纽带、其他经济社会组织为补充的村级组织体系。推行村党组织书记和村民委员会主任"一肩挑"、村"两委"班子成员交叉任职等措施。

二是深化村民自治实践。完善村民（代表）会议制度，推进民主选举、民主协商、民主决策、民主管理、民主监督实践。进一步加强自治组织规范化建设，拓展村民参与村级公共事务平台。健全村级议事协商制度，创新协商议事形式和活动载体，依托村民会议、村民代表会议、村民议事会、村民理事会、村民监事会等，鼓励农村开展村民说事、民情恳谈、百姓议事、妇女议事等各类协商活动。全面实施村级事务阳光工程，完善党务、村务、财务"三公开"制度，推广村级事务"阳光公开"监管平台，推进村级事务即时公开，加强群众对村级权力有效监督。

三是深入推进农村移风易俗。坚持教育引导、实践养成、制度保障三管齐下，推动社会主义核心价值观落细落小落实。实施乡风文明培育行动，全面推行移风易俗，整治农村婚丧大操大办、高额彩礼、铺张浪费、厚葬薄养等不良习俗。加强村规民约建设，强化党组织领导和把关，实现村规民约行政村全覆盖。大力开展文明村镇、农村文明家庭、星级文明户、五好家庭等创建活动，广泛开展农村道德模范、最美邻里、身边好人、新时代好少年、寻找最美家庭等选树活动，开展乡风评议，弘扬道德新风。加强农村文化引领，因地制宜广泛开展乡村文化体育活动。挖掘文化内涵，培育乡村特色文化产业，助推乡村旅游高质量发展。

四是着力维护农村社会稳定。推进法治乡村建设和平安乡村建设。大力开展"民主法治示范村"创建，深入开展"法律进乡村"活动，实施农村"法律明白人"培养工程，培育一批以村干部、人民调解员为重点的"法治带头人"。推进农村社会治安防控体系建设，大力推行"一村一辅警"机制。完善调解、仲裁、行政裁决、行政复议、诉讼等有机衔接、相互协调的多元化纠纷解决机制。注重运用智能化、信息化手段，探索建立"互联网＋网格管理"服务管理模式。加大基层小微权力腐败惩治力度，规范乡村小微权力运行。

五是提升乡镇服务能力。充分发挥乡镇服务农村和农民的作用，加强乡镇政府公共服务职能，加大乡镇基本公共服务投入，推进"放管服"改革和"最多跑一次"改革向基层延伸。大力推进农村社区综合服务设施建设，引导管理服务向农村基层延伸，为农民提供"一门式办理""一站式服务"。规范村级组织工作事务，清理整顿村级组织承担的行政事务多、各种检查评比事项多问题，切实减轻村级组织负担。

75. 如何发挥农村基层组织在乡村治理中的作用？

乡村治，百姓安。党的十九大报告强调，健全党组织领导的自治、法治、德治相结合的乡村治理体系。这是推进乡村治理的重要举措，是乡村振兴的必然要求，也是增强国家治理能力与治理体系现代化的重要方面。

一是抓实建强农村基层党支部。落实村党组织 5 年任期规定，因地制宜推动全国村"两委"换届与县乡换届同步进行，实行乡镇和村换届整体统筹、上下衔接、协同联动。要持续整顿软弱涣散村党组织，按照"增加先进支部、提升中间支部、整顿后进支部"的要求，以县为单位全面排查，不设比例、逐个整顿、应整尽整，发现问题就要整顿。要根据村党员人数的多少，合理设置农村党组织结构，有的村党员数量较多，可以设置党委或党总支，下面再分设党支部；有的村党员数量很少，可以和邻近村联合设立党支部。城中村、城乡接合部、外来流动人口聚集地等区域人口流动频繁，党建工作难度大，要创新完善属地化管理的有效途径，把非本地户籍的党员凝聚到基层党组织周围。

二是选优配强农村党支部书记。基层党组织强不强，关键看带头人。实施村党组织带头人整体优化提升行动，全面落实村党组织书记县级备案管理制度，加大从本村致富能手、外出务工经商人员、高校毕业生、退役军人中培养选拔村党组织书记力度，配齐配强班子。注重提升现任党组织书记的能力和水平，加强面向基层党支部书记的培训。加强村级后备力量储备，确保源头活水。建立第一书记派驻长效工作机制，向重点乡村持续选派驻村第一书记。

三是加强和改善村党组织对村级各类组织的领导。始终坚持农村基层党组织领导地位不动摇，建立健全以基层党组织为领导、村民自治组织和村务监督组织为基础、集体经济组织和农民合作组织为纽带、其他经济社会组织为补充的村级组织体系，确保党在乡村各项事业中始终总揽全局、协调各方。采取村党组织书记和村民委员会主任"一肩挑"、村"两委"班子成员交叉任职等措施，强化党组织在乡村治理中的领导作用。健全党组织领导的议事决策机制、监督机制，全面落实"四议两公开"制度，村里的重要事项、重大问题都要提交村党组织研究讨论。

76. 如何推进和完善村民自治制度？

党的十九届四中全会提出，健全基层党组织领导的基层群众自治机制，在城乡社区治理、基层公共事务和公益事业中广泛实行群众自我管理、自我服务、自我教育、自我监督。乡村治理中，要适应农村经济社会发展变化，深入推进村民自治制度，探索村民自治有效实现形式。

一是增强村民自治组织能力。健全党组织领导的村民自治机制，完善村民（代表）会议制度，推进民主选举、民主协商、民主决策、民主管理、民主监督实践。进一步加强自治组织规范化建设，拓展村民参与村级公共事务平台，充分发挥村民委员会、群防群治力量在公共事务和公益事业办理、民间纠纷调解、治安维护协助、社情民意通达等方面的作用。

二是丰富村民议事协商形式。健全村级议事协商制度，创新议事协商形式，丰富议事协商载体，搭建多种形式的议事平台，依托村民会议、村民代表会议、村民议事会、村民理事会、村民监事会等，鼓励开展村民说事、民情恳谈、百姓议事、妇女议事等各类协商活动。

三是发挥村规民约作用。全国所有村要制定或修订形成务实管用的村规民约，应包括规范日常行为、维护公共秩序、保障群众权益、调解群众纠纷、引导民风民俗5个方面内容。要因地制宜、突出特色、符合实际、务实管用，也要防止违背法律政策和公序良俗。

四是实施村级事务阳光工程。完善党务、村务、财务"三公开"制度，实现公开经常化、制度化和规范化。梳理村级事务公开清单，及时公开组织建设、公共服务、工程项目等重大事项。健全村务档案管理制度。推广村级事务"阳光公开"监管平台，支持建立"村民微信群""乡村公众号"等，推进村级事务即时公开，加强群众对村级权力有效监督。规范村级会计委托代理制，加强农村集体经济组织审计监督，开展村干部任期和离任经济责任审计。

77. 如何提升基层干部法治意识和法治能力？

2020 年中央全面依法治国工作会议明确了习近平法治思想在全面依法治国工作中的指导地位，提出了当前和今后一个时期推进全面依法治国的总体要求，用"十一个坚持"系统阐述了新时代推进全面依法治国的重要思想和战略部署，深入回答我国社会主义法治建设一系列重大理论和实践问题。实践证明，只有把党和国家工作纳入法治化轨道，使各方面制度更加科学、更加成熟、更加定型、更加完善，实现党、国家、社会各项事务治理制度化、规范化、程序化，善于运用制度和法治治理国家，才能最终实现国家治理体系和治理能力现代化。农业农村是法治建设相对薄弱的领域，基层干部是党中央决策部署的直接执行者和推动者，其法治思维强弱和依法办事能力高低直接关乎农村基层法治建设进程，提升基层干部法治意识和法治能力意义重大、刻不容缓。

一是树立法治思维。法治思维要求以法律规则为依据进行观察、思考和判断，树立法律的红线意识。基层干部要丰富法律知识储备，牢固树立宪法法律至上、法律面前人人平等、权由法定、依法行政、依法办事等基本法治观念，善于运用法治思维思考问题、分析问题、解决问题，做尊法学法守法用法的模范。

二是提高法治能力。加强对基层干部的法治教育培训，把习近平法治思想和宪法、民法典、公共行政法律、涉农法律法规等知识作为基层干部培训的重要内容，有针对性地加强与履职相关法律知识的学习培训，保证法治培训课时数量和培训质量。利用中国农民丰收节、国家宪法日等重要时间节点，组织开展社会覆盖面广、干部群众参与度高的特色普法活动，推动法律法规深入基层农村，着力提升基层干部和农民群众法治意识和法治素养。

三是注重法律运用。法律的价值在于应用，法律的生命在于实施。基层干部要将法律知识运用到日常行政管理服务的全过程和各方面，把分管业务当作用法的桥梁、把工作岗位当作用法的平台、把解决问题当作用法的核心，不断创新方式方法，推动法律应用于实践。在培育农村学法用法示范户、建设农村法治教育基地、开展重点专项法治宣传教育活动等重大工作中，注重发挥基层干部的桥梁纽带作用，弘扬法治精神，培育法治文化。

四是完善制度机制。制度是推动法治意识养成的重要手段。要建立健全制度科学、程序正当、权责明确的重大行政决策程序机制和重大决策合法性审查机制，引导、督促、推动基层干部法治思维形成和巩固。建立健全法治实绩考核制度，完善基层干部学法守法用法等考评标准和办法，把法治建设成效作为考核各级领导班子和基层干部工作的重要内容，强化激励问责。把法治素养和依法履职情况纳入干部考核评价体系，重视选拔使用依法行政意识好、运用法治思维和法治方式推进工作能力强的干部。对落实法治建设要求不力、问题较多，或者违法行政造成重大损失、恶劣影响的，依法依纪严肃追究责任。

78. 如何发挥农业综合行政执法服务乡村振兴的作用？

农业综合行政执法改革是党的十九届三中全会作出的重大决策部署。2018 年，中共中央办公厅、国务院办公厅印发《关于深化农业综合行政执法改革的指导意见》，要求将农业农村领域的种子、农药、饲料、兽药、农产品质量安全、宅基地等近20个领域的行政执法职责整合，组建农业综合行政执法队伍，由其统一行使执法职责。各级农业综合行政执法机构立足主责主业，加大执法力度，为全面推进乡村振兴、加快农业农村现代化提供执法保障。

一是加强农业产业领域执法，促进农业产业发展。产业振兴是乡村振兴的基础。农业综合行政执法聚焦种子、化肥、农药、兽药等农业投入品和动植物检验检疫等重点领域，加强执法监管，及时防范化解农业产业安全发展中的风险隐患，加大违法行为的打击力度，为农业产业发展提供保障。

二是加大品种侵权打击力度，维护公平竞争环境。在农业农村领域，科研单位和企业创新动力不足与对品种权等知识产权保护不力直接相关。通过农业综合行政执法，加大对农业领域侵权假冒等侵犯知识产权行为的打击力度，有助于维护正常的市场经营秩序，创造良好的公平竞争环境，促进农业自主创新能力的加快提升。

三是强化农业系统环境保护力度，推动农业绿色发展。农业绿色发展是落实新发展理念的必然要求。通过农业综合行政执法，加强对农药肥料薄膜等农业投入品废弃物回收、农用地土壤污染等违法行为的查处和打击力度，有效控制农田"白色污染"；加强对长江为重点的水生生物保护，实施好长江十年禁捕执法，促进增强农业可持续发展能力。

四是落实谁执法谁普法责任，促进乡村依法治理。将普法融入执法全过程，坚持边执法、边普法，坚持以案释法、以案说法，帮助农村社会进一步营造尊法学法守法用法的浓厚氛围，提升基层干部和农民群众办事依法、遇事找法、解决问题用法、化解矛盾靠法的能力，推动构建乡村依法治理新格局。

五是打击坑农害农违法行为，维护农民合法权益。维护农民利益是"三农"工作的出发点和落脚点。通过农业综合行政执法，加大对农资质量、农产品质量安全等违法行为的执法力度，把住农业投入品使用关，保障农产品质量，提升农产品附加值，促进农民增收，增强人民群众的获得感、幸福感、安全感。

79. 如何推进平安乡村建设？

平安乡村建设是实施乡村振兴战略的重要保障。乡村作为最基本的社会治理单元，是产生利益冲突、引发社会矛盾的重要源头，也是协调利益关系、化解社会矛盾的关键环节。如何建设平安乡村，进而实现乡村之治，为乡村振兴打下坚实基础，是我们面临的一项重大课题和历史任务。

一是用好"互联网+"手段，适应智能化、信息化快速发展的形势，加快推动互联网与乡村治理工作深度融合，推进农村"雪亮工程"建设，加快建立立体化、信息化农村社会治安防控体系，探索"互联网+网格管理"模式，实现网上监控、网上管理、网上办案。强化乡村信息资源的互联互通，实现信息共享。

二是化解公共安全风险，根据农村公共安全风险不断增多的趋势，加强乡村交通、消防、公共卫生、食品药品安全、地质灾害等公共安全事件易发领域隐患排查和治理，建立乡村治理综合性平台，健全农村公共安全体系，及时发现、处置、化解各种公共安全风险。

三是加强农村警务工作，大力推行"一村一辅警"机制，扎实开展智慧农村警务室建设，加强对社区矫正对象、刑满释放人员等特殊人群的服务管理，建立防范和整治"村霸"长效机制。加强农民群众拒毒防毒宣传教育，依法打击整治毒品违法犯罪活动。

四是强化意识形态管理，依法加大对农村非法宗教活动、邪教活动打击力度，制止利用宗教、邪教干预农村公共事务，大力整治农村乱建宗教活动场所、滥塑宗教造像。

80. 如何发挥第一书记和驻村工作队在乡村治理中的作用？

派驻第一书记和驻村工作队可以为巩固拓展脱贫攻坚成果、全面推进乡村振兴提供坚强组织保证和干部人才支持，是加强乡村治理的重要措施。根据全面推进乡村振兴、巩固拓展脱贫攻坚成果任务需要，第一书记和工作队主要做好以下工作。

一是建强村党组织。重点围绕增强政治功能、提升组织力，推动村干部、党员深入学习和忠实践行习近平新时代中国特色社会主义思想，学习贯彻党章党规党纪和党的路线方针政策；推动加强村"两委"班子建设、促进担当作为，帮助培育后备力量，发展年轻党员，吸引各类人才；推动加强党支部标准化规范化建设，严格党的组织生活，加强党员教育管理监督，充分发挥党组织和党员作用。

二是推进强村富民。重点围绕加快农业农村现代化、扎实推进共同富裕，推动巩固拓展脱贫攻坚成果，做好常态化监测和精准帮扶；推动加快发展乡村产业，发展壮大新型农村集体经济，促进农民增收致富；推动农村精神文明建设、生态文明建设、深化农村改革、乡村建设行动等重大任务落地见效，促进农业农村高质量发展。

三是提升治理水平。重点围绕推进乡村治理体系和治理能力现代化、提升乡村善治水平，推动健全党组织领导的自治、法治、德治相结合的乡村治理体系，加强村党组织对村各类组织和各项工作的全面领导，形成治理合力；推动规范村务运行，完善村民自治、村级议事决策、民主管理监督、民主协商等制度机制；推动化解各类矛盾问题，实行网格化管理和精细化服务，促进农村社会和谐稳定。

四是为民办事服务。重点围绕保障和改善农村民生、密切党群干群关系，推动落实党的惠民政策，经常联系走访群众，参与便民利民服务，帮助群众解决"急难愁盼"问题；推动加强对困难人群的关爱服务，经常嘘寒问暖，协调做好帮扶工作；推动各类资源向基层下沉、以党组织为主渠道落实，不断增强人民群众获得感、幸福感、安全感。

第一书记和工作队要从派驻村实际出发，抓住主要矛盾，细化任务清单，认真抓好落实。找准职责定位，充分发挥支持和帮助作用，与村"两委"共同做好各项工作，切实做到遇事共商、问题共解、责任共担，特别是面对矛盾问题不回避、不退缩，主动上前、担当作为，同时注意调动村"两委"的积极性、主动性、创造性，做到帮办不代替、到位不越位。

81. 如何防范治理发生在农民身边的"微腐败"？

党的十九大报告提出要"加大整治群众身边腐败问题力度"。从近年来查处的案例看，基层党员干部滥用权力导致的"微腐败"，严重损害党在农民群众心中的形象，是乡村治理的一项重点任务。因此，必须大力整治，净化农村基层政治生态、厚植党执政的群众基础，不断增强人民群众在全面从严治党中的获得感和幸福感。

一是落实主体责任。强化乡镇党委主体责任和领导班子成员"一岗双责"，通过党纪党规学习、廉政谈话、约谈教育等方式提高农村基层党员干部党性修养，强化纪律约束和廉洁意识。加强农村基层党组织规范化建设，督促村党支部领导班子成员做好廉洁自律表率，并担负起对支部党员教育、监督和管理的职责，把党内组织生活规范运作起来，使全面从严治党要求在农村基层落地生根。

二是规范乡村小微权力运行。明确每项权力行使的法规依据、运行范围、执行主体、程序步骤。规范民生资金运行程序，促进政策执行公开透明。乡镇政府和村"两委"干部必须严格按照各类民生资金运行规定流程开展工作，该评议的评议、该公示的公示，做到操作规范、手续完备、材料齐全，防止暗箱操作。各级各部门要坚持实行惠农政策"五级告知"制度，鼓励群众参与监督。

三是建立健全小微权力监督制度。各涉农涉民生单位、部门要按照责权相统一的要求，切实担负起资金监管的主体责任。织密农村基层权力运行"廉政防护网"，推进农村巡察工作，打造形成群众监督、村务监督委员会监督、上级部门监督和会计核算监督、审计监督等全程实时、多方联网的监督体系。

生活富裕篇

82. 为什么说生活富裕是乡村振兴的主要目的?

当前,我国经济已由高速增长阶段转向高质量发展阶段,解决发展不平衡不充分的问题更加迫切。2017 年党的十九大提出,进入新时代,我国社会主要矛盾已经转化为人民日益增长的美好生活需要和不平衡不充分的发展之间的矛盾。与此同时,提出实施乡村振兴战略,这是党中央深刻把握现代化建设和城乡发展规律,立足国情农情作出的战略性决策,着眼于解决经济社会发展不平衡不充分问题作出的统筹安排。

我国发展不平衡不充分问题表现在很多方面,但最突出的是城乡发展不平衡、农村发展不充分,农业农村依然是我国经济社会发展最明显的短板。我国已进入后工业化时代,制造业在全世界是不落后的,信息通信业走在前列,城市发展水平也不低,但农村和城市相比仍是两个天地。一是城乡收入差距大。近年来城乡居民收入比在持续缩小,但绝对差距还在扩大。2020 年城镇居民人均可支配收入是 43834 元,农村居民人均可支配收入 17131 元,绝对差距达到 26703 元。二是城乡基础设施差距大。城市道路四通八达、地铁公交出行便利,但还有约 1/3 的行政村通组道路没有硬化,70%以上的村生活污水未得到有效处理,30%左右的农户没有用上卫生厕所。三是城乡公共服务差距大。农村教育、医疗、卫生等基本公共服务与城市相比存在明显差距。习近平总书记指出,没有农业现代化,没有农村繁荣富强,没有农民安居乐业,国家现代化是不完整、不全面、不牢固的。如果一边是越来越现代化的城市,一边却是越来越萧条的乡村,那不能算是实现了中华民族伟大复兴。

所以，没有农民的富裕，就没有整个国家、全体人民的共同富裕。全面推进乡村振兴，必须要多渠道增加农民收入，让农民的腰包鼓起来，让农民的生活品质提起来，让农民更有获得感幸福感安全感。

83. 如何推进实现生活富裕的目标?

乡村振兴，生活富裕是根本。推进实现生活富裕的目标，收入增长是关键。要以促进农民收入持续较快增长为着力点，同时不断提高农村社会保障水平，加强农村精神文明建设，让广大农民富裕富足。

一是促进农民收入持续较快增长。大力发展富民乡村产业，支持各地立足资源优势打造各具特色的农业全产业链，建立健全农民分享产业链增值收益机制，推动农村一二三产业融合发展，挖掘农村内部增收潜力。完善农业支持保护制度，健全强农惠农富农政策体系，稳定粮食最低收购价政策，优化农业补贴政策，加大对农民收入直接支持力度。促进新型农业经营主体和服务主体高质量发展，提高带动和服务小农户的能力。加强农民就业技能培训，实施农村创业创新带头人培育行动，建立农村创业创新导师队伍，建设一批创业创新示范园区和孵化实训基地，落实与完善就业创业政策，形成创业创新带就业促增收的格局。实施高标准农田建设、农村人居环境整治等工程项目，吸纳农民就地就业。巩固拓展脱贫攻坚成果，保持主要帮扶政策总体稳定，优化产业就业等发展类政策，让低收入群众有稳定的增收来源。鼓励依法依规盘活农村土地等资源资产，积极推动农村集体经营性建设用地入市，探索落实农村土地承包关系稳定并长久不变的具体办法，稳慎推进宅基地制度改革，深化农村集体产权制度改革，切实加强制度建设，为农民财产性收入增长创造更好条件。

二是加强农村社会保障体系建设。完善统一的城乡居民基本医疗保险制度和大病保险制度，做好农民重特大疾病救助工作。巩固城乡居民医保全国异地就医联网直接结算。完善城乡居民基本养老保险制度，建立城乡居民基本养老保险待遇确定和基础养老金标准正常调整机制。统筹城乡社会救助体系，完善最低生活保障制度，做好农村社会救助兜底工作。将符合条件的进城落户农业转移人口纳入城镇住房保障体系。构建多层次农村养老保障体系，创新多元化照料服务模式。健全农村留守儿童和妇女、老年人及困境儿童关爱服务体系。加强和改善农村残疾人服务。

三是丰富农民精神文化生活。优化城乡文化资源配置，推进城乡公共文化服务体系一体化建设，创新实施文化惠民工程，提升基层综合性文化服务中心功能，建强用好县级融媒体中心，广泛开展群众性文化活动。弘扬和践行社会主义核心价值观，以农民群众喜闻乐见的方式，深入开展习近平新时代中国特色社会主义思想学习教育。拓展新时代文明实践中心建设，深化群众性精神文明创建活动。深入挖掘、继承创新优秀传统乡土文化，把保护传承和开发利用结合起来，赋予中华农耕文明新的时代内涵。

84. 如何加快农业转移人口市民化？

加快农业转移人口市民化是全面推进乡村振兴、实施新型城镇化战略、提升城镇化发展质量的必然选择。"十三五"时期农业转移人口市民化成效显著。截至 2020 年底，已有 1.2 亿农业转移人口落户城镇，户籍人口城镇化率达 45.4%，常住人口城镇化率达 63.9%。1.1 亿流动人口领到居住证，1500 余万无户口人员办理了户口登记。城镇基本公共服务加快覆盖农业转移人口，85% 左右随迁子女在流入地公办学校或政府购买学位的学校接受义务教育，城镇基本公共卫生服务实现常住人口全覆盖，统一的城乡居民基本养老保险和医疗保险制度已经建立。

根据《中华人民共和国国民经济和社会发展第十四个五年规划和二〇三五年远景目标纲要》的部署要求，推进农业转移人口市民化，将坚持存量优先、带动增量，统筹推进户籍制度改革和城镇基本公共服务常住人口全覆盖，健全农业转移人口市民化配套政策体系，加快推动农业转移人口全面融入城市。

一是深化户籍制度改革，支持农民工在城市落户定居。放开放宽除个别超大城市外的落户限制，试行以经常居住地登记户口制度。鼓励大城市中心城区与郊区新区采取差别化落户政策，引导有条件的农民工在大城市周边郊区落户扎根。全面取消城区常住人口 300 万以下的城市落户限制，引导农民在中小城市实现市民化。

二是落实居住证制度，推动城镇基本公共服务常住人口全覆盖。健全以居住证为载体、与居住年限等条件相挂钩的基本公共服务提供机制，提高居住证持有人实际享有城镇义务教育、住房保障等服务的水平，为尚未落户的城镇常住人口提供更多基本公共服务和办事便利。

三是完善农业转移人口市民化"人地钱"挂钩机制。中央财政市民化奖励基金分配主要依据跨省落户人口数量确定。建立财政性建设资金对吸纳落户较多城市的基础设施投资补助机制，建立城镇建设用地指标分配同吸纳农业转移人口落户数量和提供保障性住房规模相挂钩机制。

四是提升农业转移人口素质，推动农村新成长劳动力向城镇转移。以新增中职、高职毕业生群体为主要培训对象，增强职业技术教育适应性，提高其就业创业能力。完善职业技术教育国家标准，推行"学历证书＋职业技能等级证书"制度。创新办学模式，深化产教融合、校企合作，鼓励企业举办高质量职业技术教育。深化职普融通，实现职业技术教育与普通教育双向互认、纵向流动。通过多层级多元化教育培训，促进农村劳动力顺利转移、更好就业、稳定增收。

85. 如何发展新型农村集体经济？

农村集体经济是我国社会主义公有制经济的重要组成部分，是农民走共同富裕道路的重要物质保障。发展新型农村集体经济对增加农民财产性收入，维护农民合法权益，让广大农民分享改革发展成果，促进巩固拓展脱贫攻坚成果与乡村振兴有效衔接具有重大战略意义。要坚持实事求是、因地制宜的原则，充分考虑当地资源禀赋、经济基础和群众意愿，稳妥有序发展新型农村集体经济。

一是探索新型农村集体经济发展的多元实现路径。地方可结合实际情况，发展资源经济，将集体未承包到户的"四荒"地、水面等资源出租；利用集体资源发展休闲农业、乡村旅游、健康养老等集体经济项目。发展物业经济，盘活村内闲置办公用房、仓库、学校等固定资产，利用集体建设用地投资兴建标准厂房、商铺门面等物业项目，对外出租获取经济收入。发展服务经济，创办多种形式的服务实体，为社区居民或经营主体提供劳务介绍、业务咨询等中介服务，增加集体收入。发展股权经济，将土地等资源的经营权、房屋或设备等固定资产的使用权，以及政府帮扶资金、集体积累资金等入股农业企业等市场主体，积极推广资源变资产、资金变股金、农民变股东，拓展集体和农户增收渠道。

二是建立健全新型农村集体经济发展的利益联结机制和风险防范机制。鼓励集体经济组织通过入股、参股、村村合作、村企共建等方式，建立"保底＋分红"的收益分配机制，与各类经营主体建立紧密的利益联结机制，实现联农带农富农强农，让农民分享更多产业增值收益。加强农村集体资产监督管理，开展集体经济发展产业风险评估，对经营主体进行资格审查，做好集体经济组织持有股权的价值评定，实现各方合作共赢。加快农村集体产权交易平台建设，积极推动农村集体资产进入平台公开透明交易，优化要素市场配置。

三是加强新型农村集体经济发展的人才支撑。选优配强集体经济组织带头人，以县为单位统筹抓好村党组织书记队伍建设，加大从本村致富能手、本乡本土大学毕业生、退役军人等各类人才中培养集体经济发展带头人，激发干事创业热情，提高发展集体经济能力。鼓励各类人才投身集体经济发展，引导企事业单位、社会各界专业人才、职业经理人下乡就业创业，发挥其在经营管理、技术指导、对接市场方面的作用。构建集体经济发展的人才激励机制，探索从集体经济组织经营收益增量中拿出一定比例对发展集体经济作出突出贡献的人员给予奖励，使人才进得来、有作为、留得住。

四是强化新型农村集体经济发展的政策支持。完善支持新型集体经济发展的财政、税收、金融、土地等配套政策。加大中央财政扶持力度，到 2022 年扶持 10 万个左右行政村发展壮大集体经济，持续支持集体经济薄弱村发展提升。推动研究制定适合农村集体经济组织特点的税收优惠政策，完善金融机构对农村集体经济组织的融资、担保等政策。优化城乡产业用地布局，合理保障集体经济发展中新产业新业态用地需求。加快农村集体经济组织立法进程，为集体经济健康发展提供法治保障。

86. 如何巩固和完善农村基本经营制度？

新中国成立以来，在党的领导下，通过一系列探索实践，最终形成了以家庭承包经营为基础、统分结合的双层经营体制，并作为我国农村基本经营制度长期稳定下来。习近平总书记指出，新形势下深化农村改革，主线仍然是处理好农民和土地的关系；最大的政策，就是必须坚持和完善农村基本经营制度。党的十九大报告明确提出，巩固和完善农村基本经营制度，深化农村土地制度改革，完善承包地"三权分置"制度。保持土地承包关系稳定并长久不变，第二轮土地承包到期后再延长 30 年。坚持把依法维护农民权益作为出发点和落脚点，坚持农村土地农民集体所有制不动摇，坚持家庭承包经营基础性地位不动摇。

一是落实第二轮土地承包到期后再延长 30 年政策，保持农村土地承包关系稳定并长久不变。要保持土地集体所有、家庭承包经营的基本制度长久不变，保持农户依法承包集体土地的基本权利长久不变，保持农户承包地稳定。第二轮土地承包到期后应坚持延包原则，不得将承包地打乱重分，确保绝大多数农户原有承包地继续保持稳定。根据各地第二轮土地承包逐步到期的实际情况，选择即将到期的地区，组织开展延包试点工作，探索具体问题的解决办法。经国务院办公厅批准，农业农村部、中央农办会同司法部、财政部、自然资源部、国家档案局、全国妇联建立了第二轮土地承包到期后再延长30年试点部际联席会议制度，统筹推进延包试点工作，研究制定配套政策，指导各地明确延包的具体办法，确保政策衔接、平稳过渡。各地要落实工作责任，研究解决实行"长久不变"的重点难点问题，保障"长久不变"和第二轮土地承包到期后再延长30年政策在本地顺利实施。

二是完善落实农村土地所有权、承包权、经营权"三权分置"政策体系，进一步放活土地经营权。要根据实践发展要求，丰富集体所有权、农户承包权、土地经营权的有效实现形式，促进农村土地资源优化配置。鼓励承包农户依法采取转包、出租、入股等方式流转土地经营权。规范土地经营权流转交易，因地制宜加强农村产权市场体系建设，逐步实现涉农县（市、区）全覆盖。健全市场运行规范，提高服务水平，为流转双方提供信息发布、产权交易、法律咨询、权益评估、抵押融资等服务。加强流转合同管理，引导流转双方使用统一的合同示范文本。县级以上地方人民政府要依法建立工商企业等社会资本通过流转取得土地经营权的资格审查、项目审核和风险防范制度。加强农村土地承包经营纠纷调解仲裁体系建设，健全纠纷调处机制，妥善化解土地承包经营纠纷。

三是积极培育新型农业经营主体，加快构建新型农业经营体系。突出抓好家庭农场和农民合作社两类经营主体。坚持农户主体、规模适度、市场导向、因地制宜、示范引领的基本原则，深入实施家庭农场培育计划，健全管理服务制度和政策支持体系，引导更多农业规模经营户发展成为有活力的家庭农场。鼓励发展多种形式的农民合作组织，深入推进示范社创建活动，促进农民合作社规范发展。支持农业产业化龙头企业创新发展、做大做强。促进各类新型农业经营主体融合发展，培育和发展农业产业化联合体，鼓励建立产业协会和产业联盟。培育高素质农民，组织参加技能评价、学历教育，设立专门面向农民的技能大赛。鼓励农民工、大中专毕业生、退伍军人、科技人员等返乡下乡创办领办新型农业经营主体。

四是发展壮大农业专业化社会化服务组织，鼓励和支持小农户走同现代农业相结合的发展之路。大力培育各类服务组织，鼓励农村集体经济组织、家庭农场、农民合作社、服务型企业开展以农业生产托管为主的社会化服务，将先进适用的品种、投入品、技术、装备导入小农户。引导各类服务组织发展单环节托管、多环节托管和全程托管等多种托管模式，提升农业社会化服务的覆盖范围和服务质量。鼓励各地通过政府购买服务、以奖代补、先服务后补助等方式，支持服务组织开展各类农业生产性服务。鼓励各地加强集中育秧、粮食烘干、农机作业、预冷贮藏等配套服务设施建设。落实设施农业用地政策，解决农机场库棚、烘干设施"用地难"问题，优先保障服务主体开展服务的用电用水需求。鼓励各地建设信息化服务平台，帮助服务供需双方实现精准高效对接。

87. 如何保持农村土地承包关系稳定并长久不变?

自实行家庭承包经营以来，党中央、国务院一直坚持稳定农村土地承包关系的方针政策，党的十九大提出保持土地承包关系稳定并长久不变，第二轮土地承包到期后再延长30年，这是对党的农村土地政策的继承和发展，意义重大、影响深远。各地要严格按照

《中共中央、国务院关于保持土地承包关系稳定并长久不变的意见》和《中华人民共和国农村土地承包法》等政策法律要求，推动重点任务落实落地。

一是准确把握"长久不变"政策内涵。保持农村土地集体所有、家庭承包经营的基本制度长久不变。坚持农村土地集体所有、不搞私有化，坚持农地农用、防止非农化，坚持保障农民土地权益、不得以退出承包地作为农民进城落户条件，进一步深化农村土地制度改革。确保农民集体有效行使集体土地所有权、集体成员平等享有土地承包权，从我国经济社会发展阶段和各地发展不平衡的实际出发，积极探索和不断丰富集体所有、家庭承包经营的具体实现形式，不断推进农村基本经营制度完善和发展。保持农户依法承包集体土地的基本权利长久不变。家庭经营在农业生产经营中居于基础性地位，要长久保障和实现农户依法承包集体土地的基本权利。根据时代发展需要，不断强化对土地承包权的物权保护，依法保障农民对承包地占有、使用、收益、流转及承包土地的经营权抵押、担保权利，不断赋予其更加完善的权能。保持农户承包地稳定。农民家庭是土地承包经营的法定主体，农村集体土地由集体经济组织内农民家庭承包，家庭成员依法平等享有承包土地的各项权益。

二是稳妥推进"长久不变"实施。第二轮土地承包到期后再延长 30 年，使农村土地承包关系从第一轮承包开始保持稳定长达 75 年。现有承包地在第二轮土地承包到期后由农户继续承包，承包期再延长 30 年，以各地第二轮土地承包到期为起点计算。以承包地确权登记颁证为基础，已颁发的土地承包权利证书，在新的承包期继续有效且不变不换，证书记载的承包期限届时作统一变更。对个别调地的，在合同、登记簿和证书上作相应变更处理。继续提倡"增人不增地、减人不减地"。第二轮土地承包到期后应坚持延包原则，不得将承包地打乱重分，确保绝大多数农户原有承包地继续保持稳定。对少数存在承包地因自然灾害毁损等特殊情形且群众普遍要求调地的村组，届时可按照大稳定、小调整的原则，由农民集体民主协商，经本集体经济组织成员的村民会议2/3以上成员或者2/3以上村民代表同意，并报乡（镇）政府和县级政府农业等行政主管部门批准，可在个别农户间作适当调整，但要依法依规从严掌握。为避免承包地的频繁变动，防止耕地经营规模不断细分，进入新的承包期后，因承包方家庭人口增加、缺地少地导致生活困难的，要帮助其提高就业技能，提供就业服务，做好社会保障工作。因家庭成员全部死亡而导致承包方消亡的，发包方应当依法收回承包地，另行发包。通过家庭承包取得土地承包权的，承包方应得的承包收益，依照继承法的规定继承。建立健全土地承包权依法自愿有偿转让机制。维护进城农户土地承包权益，现阶段不得以退出土地承包权作为农户进城落户的条件。对承包农户进城落户的，引导支持其按照自愿有偿原则依法在本集体经济组织内转让土地承包权或将承包地退还集体经济组织，也可鼓励其多种形式流转承包地经营权。对长期弃耕抛荒承包地的，发包方可以依法采取措施防止和纠正弃耕抛荒行为。

三是切实做好"长久不变"基础工作。在基本完成承包地确权登记颁证工作基础上，开展"回头看"，做好收尾工作，妥善化解遗留问题，将土地承包经营权证书发放至农户手中。完善落实农村土地所有权、承包权、经营权"三权分置"政策体系，不断探索农村土地集体所有制的有效实现形式，充分发挥所有权、承包权、经营权的各自功能和整体效用，形成层次分明、结构合理、平等保护的格局。健全土地流转规范管理制度，发展多种形式农业适度规模经营，允许承包土地的经营权担保融资。健全农村土地承包相关法律政策，建立健全实行"长久不变"、维护农户土地承包权益等方面的制度体系。重视政策宣传引导，做好"长久不变"政策解读和业务培训，密切关注政策落实中出现的新情况新问题，积极应对、妥善处理，重大问题及时报告。

88. 农村集体经营性建设用地如何入市？

党的十八届三中全会明确提出"在符合规划和用途管制前提下，允许农村集体经营性建设用地出让、租赁、入股，实行与国有土地同等入市、同权同价"，明确了农村集体经营性建设用地入市的改革方向和目标。经党中央、国务院批准，2015—2019年，在33个试点地区开展了农村集体经营性建设用地入市改革试点，相关制度性成果已经纳入2020年新施行的《中华人民共和国土地管理法》中，初步建立了农村集体经营性建设用地入市制度。

一是把握稳慎稳妥推进的基本原则。农村集体经营性建设用地入市要严守土地公有制性质不改变、耕地红线不突破、农民利益不受损的底线。要完善集体土地所有权实现形式，保证农民集体所得收益的长期性和稳定性。要实行统一国土空间用途管制，落实生态保护红线、永久基本农田、城镇开发边界等空间管控要求。要坚持节约集约用地，优先盘活使用空闲、废弃和低效利用的存量集体用地；严格控制增量农村集体经营性建设用地，合理布局各用途土地，落实公共服务均等化要求。坚持同地同权同责，农村集体经营性建设用地与国有建设用地同等入市、同权同价，适用相同规则，接受市场监管。

二是健全集体经营性建设用地入市政策体系。自然资源部会同农业农村部等部门正在起草有关稳妥有序推进农村集体经营性建设用地入市工作的政策性文件，主要是明确入市适用范围、入市主体、入市程序、交易规则，以及需要把握的重要问题等。该文件的出台将为地方开展农村集体经营性建设用地入市工作提供具体指导，文件出台后各地要抓紧贯彻落实。同时，各地要贯彻落实新修正的《中华人民共和国土地管理法》有关要求，按照同权同价同责同等进入城乡统一建设市场的原则，针对依法登记的，国土空间规划确定为工业、商业、旅游、娱乐等经营用途的集体土地入市，积极推进相关配套政策的制定。

三是建立集体经营性建设用地入市制度。在农村集体经营性建设用地入市前，土地所属村（组）集体应完成农村集体经济组织登记赋码程序，并由该集体经济组织作为入市主体组织实施入市，或者委托其他具有法人资格的组织，依据授权委托代理实施入市。按照国家统一部署，在符合国土空间规划、用途管制和依法取得前提下，允许农村集体经营性建设用地入市，允许就地入市或异地调整入市；允许村集体在农民自愿前提下，依法把有偿收回的闲置宅基地、废弃的集体公益性建设用地转变为集体经营性建设用地入市；推动城中村、城边村、村级工业园等可连片开发区域土地依法合规整治入市；推进集体经营性建设用地使用权和地上建筑物所有权房地一体、分割转让。推动集体经营性建设用地使用权等依法合规予以抵押。

89. 如何引导农村土地经营权有序流转？

伴随着我国工业化、信息化、城镇化和农业现代化进程，农村劳动力大量转移，农业物质技术装备水平不断提高，农户承包土地的经营权流转明显加快，发展适度规模经营已成为必然趋势。为引导农村土地经营权有序流转，应从法律政策宣传、规范流转行为、做好纠纷调处等方面系统发力。

一是加大农村土地承包法律政策宣传力度。广泛利用广播、电视、报纸、网络等媒体，向基层干部、有关部门和广大农民宣传相关法律政策，努力推动相关知识进村入户、家喻户晓，营造贯彻实施法律政策的良好社会氛围。通过学习宣传，提高各级党委政府和广大基层干部贯彻实施《中华人民共和国农村土地承包法》和《中华人民共和国农村土地承包经营纠纷调解仲裁法》的主动性，增强广大农民群众和新型农业经营主体知法、懂法、守法、用法，依法维护土地承包和流转权益的自觉性。

二是严格规范土地流转行为。土地承包经营权属于农民家庭，土地是否流转、价格如何确定、形式如何选择，应由承包农户自主决定，流转收益应归承包农户所有。流转期限应由流转双方在法律规定的范围内协商确定。没有农户的书面委托、农村基层组织无权以任何方式决定流转农户的承包地，更不能以少数服从多数的名义，将整村整组农户承包地集中对外流转。严禁通过定任务、下指标或将流转面积、流转比例纳入绩效考核等方式强行推动土地流转。加强土地流转管理和服务，发展多种形式的土地经营权流转市场，引导承包农户与流入方签订书面流转合同，并使用规范的合同示范文本，依法保护土地流转双方的合法权益。

三是建立健全土地承包经营纠纷调解仲裁体系。构建农村土地承包经营纠纷调解仲裁体系是依法维护流转双方合法权益的重要保障。各地要依法建立农村土地承包经营纠纷调解仲裁体系，健全仲裁机构、培训仲裁员队伍、强化仲裁工作手段，将仲裁工作经费足额纳入财政预算，确保流转当事人提出的纠纷仲裁申请，有法定机构受理、有专业人员审理、有固定地点办理。同时，指导乡镇人民政府和村（居）委会依法开展调解工作，努力做到把土地流转纠纷化解在当地，把矛盾化解在基层。

90. 如何稳慎推进农村宅基地制度改革？

党的十八大以来，党中央、国务院对农村宅基地制度改革作出了系统部署。党的十八届三中全会审议通过的《中共中央关于全面深化改革若干重大问题的决定》提出，保障农户宅基地用益物权，改革完善农村宅基地制度。2015年以来，全国33个县（市、区）开展了农村宅基地制度改革试点，取得了积极进展，一些成熟的经验在新修正的土地管理法中得到体现。但农村宅基地制度中的深层次矛盾和问题依然存在，需要深化试点，进一步探索改革的方法路径。

按照2019年中央1号文件的要求和中央全面深化改革委员会的工作部署，2019年中央农办、农业农村部研究起草了《深化农村宅基地制度改革试点方案》。2020年6月30日，习近平总书记主持召开中央全面深化改革委员会第十四次会议，审议通过该方案。9月29日，中央农办、农业农村部会同有关部门，在北京召开深化农村宅基地制度改革试点电视电话会议，在全国 104 个县（市、区）和 3 个地级市启动了新一轮农村宅基地制度改革试点。

新一轮改革试点要在做好调查摸底、村庄规划、历史遗留问题化解、确权登记 4 项基础工作的同时，围绕宅基地所有权、资格权、使用权"三权分置"，在完善宅基地集体所有权行使机制、探索农户资格权保障机制、探索使用权流转制度、探索使用权抵押制度、探索自愿有偿退出机制、探索有偿使用制度、健全收益分配机制、完善宅基地审批制度、健全监管机制 9 个方面开展探索，总结一批可复制、能推广、惠民生、利修法的制度创新成果，为推动建立依法取得、节约利用、权属清晰、权能完整、流转有序、管理规范的农村宅基地制度体系提供实践经验。改革要把握好以下要求。

一是坚持稳慎推进。现行农村宅基地制度是长期演变的结果，要充分认识改革的长期性和复杂性，保持足够的历史耐心，防止犯颠覆性错误，坚决守住土地所有制性质不改变、耕地红线不突破、农民利益不受损这三条底线。

二是强化基础工作。严格规范管理，强化基础工作是实施改革的必要前提。要完善农村宅基地统计调查制度，全面摸清宅基地底数，建设农村宅基地数据库和管理信息平台。加快编制"多规合一"实用性村庄规划，科学确定宅基地规模和布局。结合农村乱占耕地建房专项整治，分类分步妥善处置农民建房和宅基地历史遗留问题。按照不动产统一登记要求，加快完成房地一体的宅基地使用权确权登记颁证工作。理顺宅基地管理体制，建立健全基层管理体系队伍。

三是维护农民利益。始终把维护好、实现好、发展好农民权益作为改革的出发点和落脚点，充分发动和依靠农民，发挥农民集体自主协商作用，让农民成为改革的决策者、参与者和受益者。要妥善处置历史遗留问题，切实保障农民宅基地合法权益，坚决防止不顾农民意愿强迫农民上楼，坚决防止违法侵害甚至剥夺农民依法取得的宅基地使用权。

四是注重因地制宜。我国幅员辽阔，农村情况有很大差异，经济发展水平、地理区位条件、民族文化风俗等，对各地农村宅基地的具体管理方式都有深刻的影响。改革要适应差异性、把握规律性，鼓励基层在守住底线的基础上，聚焦突出问题大胆探索，做到有的放矢、分类施策。

五是防止改革走偏。农村宅基地制度改革的根本目的是更好地保障农民和集体的土地权益，促进乡村振兴和城乡融合发展，而不是放开让城里人下乡买地建房。要坚决防止打着农村宅基地制度改革旗号行买卖宅基地之实，严格禁止下乡利用宅基地建设别墅大院和私人会馆，严格禁止乱占耕地建房。盘活的土地资源应主要用于农业农村发展。

六是加强党的领导。党管农村工作是我们党的传统，宅基地矛盾问题多、工作难度大，是一块"硬骨头"。要推动地方各级党委和政府把农村宅基地制度改革摆到重要位置，发挥党的领导的政治优势、组织优势，调动各方力量打好改革攻坚战。要发挥农村基层党组织的领导作用和基层党员干部的模范带头作用，确保改革能落地、出实效。

91. 如何保障农民住宅合理用地需求?

按照现有法律和政策，我国农村实行"一户一宅"和"户有所居"相结合的制度。《中华人民共和国土地管理法》规定，"农村村民一户只能拥有一处宅基地，其宅基地的面积不得超过省、自治区、直辖市规定的标准"，"人均土地少、不能保障一户拥有一处宅基地的地区，县级人民政府在充分尊重农村村民意愿的基础上，可以采取措施，按照省、自治区、直辖市规定的标准保障农村村民实现户有所居"。对于城镇建设用地规模范围内的村庄，原则上不再进行单宗分散的宅基地分配，可以通过建设农民公寓、农民住宅小区等方式，满足农民居住需要。对于城镇建设用地规模范围外的村庄，通过优先安排新增建设用地计划指标、村庄整治、废旧宅基地腾退等多种方式，增加宅基地空间，满足符合宅基地分配条件农户的建房需求。

2020年7月，自然资源部、农业农村部联合印发《关于保障农村村民住宅建设合理用地的通知》，共出台以下五项措施。

一是计划指标单列。农村村民住宅建设用地计划指标在年度全国土地利用计划中单列安排，原则上不低于新增建设用地计划指标的5%。

二是改进农转用审批。农村村民住宅建设占用农用地的，在下达指标范围内，各省级政府可将《中华人民共和国土地管理法》规定权限内的农用地转用审批事项，委托县级政府批准。

三是加强规划管控。各地在编制县、乡级国土空间规划和村庄规划时，要充分考虑宅基地的合理需求，为农村村民住宅建设用地预留空间。

四是统一落实耕地占补平衡。农村村民住宅建设要优先利用原有宅基地和村内空闲地，尽量少占耕地。确需占用耕地的，由县级自然资源主管部门通过储备补充耕地指标、实施土地整治补充耕地等途径统一落实，不得向农民收取耕地开垦费。县域范围确实无法落实的，可按规定在市域或省域范围内落实。

五是注意分户的合理性，严格遵守相关规定。农村村民住宅建设要依法落实"一户一宅"等规定，做好与户籍管理的衔接，不得设立互为前置的申请条件。要充分尊重农民意愿，不提倡在城市和集镇规划区外拆并村庄、建设大规模农民集中居住区，不得强制农民搬迁和上楼居住。

92. 农村宅基地申请审批程序是什么？

《中华人民共和国土地管理法》规定，农村村民住宅用地，由乡（镇）人民政府审核批准。按照《农业农村部、自然资源部关于规范农村宅基地审批管理的通知》，宅基地申请审批流程包括农户申请、村民小组会讨论通过并公示、村级组织开展材料审核、乡镇机构审查、乡镇政府审批、发放宅基地批准书等环节。

一是农户申请。符合宅基地申请条件的农户，以户为单位向所在村民小组提出宅基地和建房（规划许可）书面申请。

二是村民小组会讨论通过并公示。村民小组收到申请后，应提交村民小组会议讨论，并将申请理由、拟用地位置和面积、拟建房层高和面积等情况在本小组范围内公示。公示无异议或异议不成立的，村民小组将农户申请、村民小组会议记录等材料交村集体经济组织或村民委员会（以下简称村级组织）审查。

三是村级组织开展材料审核。村级组织重点审查提交的材料是否真实有效、拟用地建房是否符合村庄规划、是否征求了用地建房相邻权利人意见等。审查通过的，由村级组织签署意见，报送乡镇政府。没有分设村民小组或宅基地和建房申请等事项已统一由村级组织办理的，农户直接向村级组织提出申请，经村民代表会议讨论通过并在本集体经济组织范围内公示后，由村级组织签署意见，报送乡镇政府。

四是乡镇机构审查。农业农村机构负责审查申请人是否符合申请条件、拟用地是否符合宅基地合理布局要求和面积标准、宅基地和建房（规划许可）申请是否经过村组审核公示等，并综合各有关部门意见提出审批建议。自然资源机构负责审查用地建房是否符合国土空间规划、用途管制要求，其中涉及占用农用地的，应在办理农用地转用审批手续后，核发乡村建设规划许可证；在乡、村庄规划区内使用原有宅基地进行农村村民住宅建设的，可按照本省（区、市）有关规定办理规划许可。涉及林业、水利、电力等部门的要及时征求意见。

五是乡镇政府审批。根据各机构联审结果，由乡镇政府对农民宅基地申请进行审批，出具《农村宅基地批准书》，鼓励地方将乡村建设规划许可证由乡镇一并发放，并以适当方式公开。

农户建房完工后，乡镇政府组织相关机构进行验收，实地检查农户是否按照批准面积、四至等要求使用宅基地，是否按照批准面积和规划要求建设住房，并出具《农村宅基地和建房（规划许可）验收意见表》。通过验收的农户，可以向不动产登记部门申请办理不动产登记。

93. 农村集体产权制度改革的主要内容有哪些？

农村集体产权制度改革是党的十八大以来农业农村领域的一项重大改革，对保障农民财产权益、全面推进乡村振兴、扎实推进共同富裕具有重要意义。2016 年，中共中央、国务院印发《关于稳步推进农村集体产权制度改革的意见》，明确提出用 3 年左右的时间基本完成清产核资，5 年左右的时间基本完成经营性资产股份合作制改革。围绕构建归属清晰、权能完整、流转顺畅、保护严格的中国特色社会主义农村集体产权制度，农业农村部会同有关部门，先后组织开展了 5 批试点，试点范围已覆盖全国所有涉农县（市、区）。党中央要求，2021 年底将基本完成农村集体产权制度改革阶段性任务。农村集体产权制度改革的主要内容包括以下 4 个方面。

一是全面开展集体资产清产核资。对集体所有的经营性资产、非经营性资产以及资源性资产进行全面清产核资，摸清集体家底，健全管理制度，防止资产流失。在清产核资中，重点清查核实未承包到户的资源性资产和集体统一经营的经营性资产以及现金、债权债务等，查实存量、价值和使用情况，做到账证相符和账实相符。清产核资结果向全体农村集体经济组织成员公示，并经成员大会或者代表大会确认。清产核资结束后，要建立健全集体资产登记、保管、使用、处置等制度，实行台账管理。截至 2020 年，全国共核实农村集体资产 7.7 万亿元，农村集体土地等资源 65.5 亿亩。

二是科学确认农村集体经济组织成员身份。依据有关法律法规，按照尊重历史、兼顾现实、程序规范、群众认可的原则，统筹考虑户籍关系、农村土地承包关系、对集体积累的贡献等因素，协调平衡各方利益，做好农村集体经济组织成员身份确认工作，解决成员边界不清的问题。改革试点中，探索在群众民主协商基础上确认农村集体经济组织成员的具体程序、标准和管理办法，建立健全农村集体经济组织成员登记备案机制。成员身份的确认既要得到多数人认可，又要防止多数人侵犯少数人权益，切实保护妇女合法权益。

三是有序推进经营性资产股份合作制改革。将农村集体经营性资产以股份或者份额形式量化到本集体成员，作为其参加集体收益分配的基本依据。改革主要在有经营性资产的村镇，特别是城中村、城郊村和经济发达村开展。农村集体经营性资产的股份合作制改革，不同于工商企业的股份制改造，要体现成员集体所有和特有的社区性，只能在农村集体经济组织内部进行。股权设置应以成员股为主，是否设置集体股由本集体经济组织成员民主讨论决定。改革后农村集体经济组织要完善治理机制，制定组织章程，涉及成员利益的重大事项实行民主决策，防止少数人操控。

四是建立健全农村集体经济组织。农村集体经济组织是集体资产管理的主体，是特殊的经济组织，可以称为经济合作社，也可以称为股份经济合作社。现阶段由县级以上地方政府主管部门负责向农村集体经济组织发放组织登记证书，农村集体经济组织可据此向有关部门办理银行开户等相关手续，以便开展经营管理活动。重点发挥好农村集体经济组织在管理集体资产、开发集体资源、发展集体经济、服务集体成员等方面的功能作用。目前，全国共建立乡村组三级农村集体经济组织近 90 万个，其中村级集体经济组织 55.7 万个。

94. 如何提升农村社会保障水平？

加强农村社会保障体系建设，要按照兜底线、织密网、建机制的要求，全面建成覆盖全民、城乡统筹、权责清晰、保障适度、可持续的多层次社会保障体系。

一是完善统一的城乡居民基本医疗保险制度和大病保险制度。适当提高城乡居民基本医疗保险财政补助和个人缴费标准，健全医疗救助与基本医疗保险、城乡居民大病保险及相关保障制度的衔接机制，巩固城乡居民医保全国异地就医联网直接结算。做好农民重特大疾病救助工作。

二是进一步完善城乡居民基本养老保险制度。加快建立城乡居民基本养老保险待遇确定和基础养老金标准正常调整机制。构建多层次农村养老保障体系，创新多元化照料服务模式。发展农村互助式养老，多形式建设日间照料中心，改善失能老年人和重度残疾人护理服务。

三是统筹城乡社会救助体系。加强农村低保对象动态精准管理，完善最低生活保障制度，合理提高低保等社会救助水平，做好农村社会救助兜底工作。全面实施特困人员救助供养制度，提升托底保障能力和服务质量。将进城落户农业转移人口全部纳入城镇住房保障体系。

四是健全农村留守儿童和妇女、老年人以及困境儿童关爱服务体系。推动各地通过政府购买服务、设置基层公共管理和社会服务岗位、引入社会工作专业人才和志愿者等方式，为农村留守儿童和妇女、老年人以及困境儿童提供关爱服务。加强和改善农村残疾人服务，将残疾人普遍纳入社会保障体系予以保障和扶持。

95. 如何提升农村基本公共服务水平？

继续把国家社会事业发展的重点放在农村，促进公共教育、医疗卫生、社会保障等资源向农村倾斜，建立城乡公共资源均衡配置机制，强化农村基本公共服务供给县乡村统筹，逐步实现标准统一、制度并轨，逐步建立健全全民覆盖、普惠共享、城乡一体的基本公共服务体系，推进城乡基本公共服务均等化。

一是提高农村教育质量。多渠道增加农村普惠性学前教育资源供给，继续改善乡镇寄宿制学校办学条件，保留并办好必要的乡村小规模学校，在县城和中心镇新建改扩建一批高中和中等职业学校。完善农村特殊教育保障机制。推进县域内义务教育学校校长教师交流轮岗，支持建设城乡学校共同体。面向农民就业创业需求，发展职业技术教育与技能培训，建设一批产教融合基地。开展耕读教育。加快发展面向乡村的网络教育。加大涉农高校、涉农职业院校、涉农学科专业建设力度。

二是全面推进健康乡村建设。提升村卫生室标准化建设和健康管理水平，推动乡村医生向执业（助理）医师转变，采取派驻、巡诊等方式提高基层卫生服务水平。提升乡镇卫生院医疗服务能力，选建一批中心卫生院。加强县级医院建设，持续提升县级疾控机构应对重大疫情及突发公共卫生事件能力。加强县域紧密型医共体建设，实行医保总额预算管理。加强妇幼、老年人、残疾人等重点人群健康服务。

三是健全统筹城乡就业政策和服务体系。推动公共就业服务机构向乡村延伸，深入实施新生代农民工职业技能提升计划。完善统一的城乡居民基本医疗保险制度，合理提高政府补助标准和个人缴费标准，健全重大疾病医疗保险和救助制度。落实城乡居民基本养老保险待遇确定和正常调整机制。推进城乡低保制度统筹发展，逐步提高特困人员供养服务质量。加强对农村留守儿童和妇女、老年人以及困境儿童的关爱服务。健全县乡村衔接的三级养老服务网络，推动村级幸福院、日间照料中心等养老服务设施建设，发展农村普惠型养老服务和互助性养老。推进农村公益性殡葬设施建设。推进城乡公共文化服务体系一体建设，创新实施文化惠民工程。

四是推动农村基础设施提档升级。继续把基础设施建设重点放在农村，加快农村公路、供水、供气、环保、电网、物流、信息、广播电视等基础设施建设，推动城乡基础设施互联互通。以示范县为载体全面推进"四好农村路"建设，加快实施通村组硬化路建设。加大成品油消费税转移支付资金用于农村公路养护力度。推进节水供水重大水利工程，实施农村饮水安全巩固提升工程。加快新一轮农村电网改造升级，制定农村通动力电规划，推进农村可再生能源开发利用。实施数字乡村战略，做好整体规划设计，加快农村地区宽带网络和第四代移动通信网络覆盖步伐，开发适应"三农"特点的信息技术、产品、应用和服务，推动远程医疗、远程教育等应用普及，弥合城乡数字鸿沟。提升气象为农服务能力。加强农村防灾减灾救灾能力建设。结合实际贯彻落实好国家发展改革委、财政部印发的《关于深化农村公共基础设施管护体制改革的指导意见》。

96. 如何加快县域内城乡融合发展？

2021年中央1号文件指出，加快县域内城乡融合发展，明确了城乡融合发展的空间载体，有利于城乡融合的政策体系落实落地。

一是把县域作为城乡融合发展的重要切入点。强化统筹谋划和顶层设计，破除城乡分割的体制弊端，加快打通城乡要素平等交换、双向流动的制度性通道。优化城乡空间布局，推进以人为核心的新型城镇化，促进大中小城市和小城镇协调发展，在县域范围内，形成县城、中心镇、中心村梯次衔接的空间布局形态。加快中心镇发展，完善基础设施和公共服务，发挥中心镇连接城市、服务乡村作用。推进以县城为重要载体的城镇化建设，有条件的地区按照小城市标准建设县城。积极推进扩权强镇，规划建设一批重点镇。

二是统筹县域产业、基础设施、公共服务、基本农田、生态保护、城镇开发、村落分布等空间布局。强化县城综合服务能力，把乡镇建设成为服务农民的区域中心，构建"县乡联动、功能集成、反应灵敏、扁平高效"乡村治理综合指挥体系，实现县乡村功能衔接互补。处于城乡之际的乡镇在乡村发展中起带动作用，不但为乡村居民提供教育、医疗、购物等基本公共服务，还提供非农就业机会和创新活力。地方各级人民政府应当加强乡镇人民政府社会管理和服务能力建设，把乡镇建成乡村治理中心、农村服务中心、乡村经济中心。加强中心镇区建设，突出加强中心镇区的专业化市场分工的节点作用，带动整个镇域乡村进入现代分工体系。

三是壮大县域经济，承接适宜产业转移，培育支柱产业。有条件的县可以引进适宜的二三产业甚至高新技术产业。对大部分农业县，要踏踏实实围绕着提升农业的质量效益竞争力做文章，构建"家庭农场＋社会化服务＋大型合作社"的农业经营体系，更大程度提升农业产业链附加值，把增值收益更多留在农村、留给农民。开展乡村全域土地综合整治试点。

四是推动在县域就业的农民工就地市民化。增加适应进城农民刚性需求的住房供给，疏通制约农民工市民化的政策堵点，尽快落实按经常居住地登记户口制度，引导农民工在城镇落户，多措并举降低房价，探索通过多种方式解决新市民住房问题，破解制约人口流动的刚性约束。鼓励地方建设返乡入乡创业园和孵化实训基地。

97. 如何完善农业支持保护制度？

按照增加总量、优化存量、提高效能的原则，以提升农业质量效益和竞争力为目标，强化高质量绿色发展导向，创新完善政策工具和手段，加快建立新型农业支持保护政策体系，不断提高农业综合效益和竞争力。2015 年中共中央办公厅、国务院办公厅印发的《深化农村改革综合性实施方案》明确提出，要坚持多予少取放活的基本方针，提高农业支持保护的效能，加快形成覆盖全面、指向明确、重点突出、措施配套、操作简便的农业支持保护制度体系。党的十九大提出实施乡村振兴战略，明确要求"完善农业支持保护制度"。2018 年中央 1 号文件对"完善农业支持保护制度"作出具体部署，提出加快建立新型农业支持保护政策体系。近几年中央 1 号文件都对加强农业支持保护提出明确要求。

一是加大支农投入力度。建立健全国家农业投入增长机制，政府固定资产投资继续向农业倾斜，优化投入结构，实施一批打基础、管长远、影响全局的重大工程，加快改变农业基础设施薄弱状况。建立以绿色生态为导向的农业补贴制度，提高农业补贴政策的指向性和精准性。落实和完善对农民直接补贴制度。完善粮食主产区利益补偿机制。继续支持粮改饲、粮豆轮作和畜禽水产标准化健康养殖，改革完善渔业油价补贴政策。完善农机购置补贴政策，鼓励对绿色农业发展机具、高性能机具以及保证粮食等主要农产品生产机具实行敞开补贴。

二是深化重要农产品收储制度改革。调整改进"黄箱"政策，扩大"绿箱"政策使用范围。深化玉米收储制度改革，完善市场化收购加补贴机制。合理制定大豆补贴政策。按照更好发挥市场机制作用取向，完善稻谷和小麦最低收购价政策，增强政策灵活性和弹性，合理调整最低收购价水平，加快建立健全支持保护政策。深化国有粮食企业改革，培育壮大骨干粮食企业，引导多元市场主体入市收购，防止出现卖粮难。深化棉花目标价格改革，研究完善食糖（糖料）、油料支持政策，促进价格合理形成，激发企业活力，提高国内产业竞争力。

三是提高农业风险保障能力。完善农业保险政策体系，设计多层次、可选择、不同保障水平的保险产品。积极开发适应新型农业经营主体需求的保险品种，探索开展水稻、小麦、玉米三大主粮作物完全成本保险和收入保险试点，鼓励开展天气指数保险、价格指数保险、贷款保证保险等试点。健全农业保险大灾风险分散机制。发展农产品期权期货市场，支持重点领域特色农产品期货期权品种上市，扩大"保险＋期货"试点，探索"订单农业＋保险＋期货（权）"试点。健全国门生物安全查验机制，推进口岸动植物检疫规范化建设。强化边境管理，打击农产品走私。完善农业风险管理和预警体系。

四是加强农业基础支撑体系建设。在坚持最严格的耕地保护制度和水资源管理制度基础上，大力加强高标准农田和水利设施建设，加快农业科技进步和创新，继续推进农业机械化，不断提高土地产出率、资源利用率和劳动生产率。发展多种形式农业适度规模经营，健全现代农业产业体系、生产体系、经营体系。完善支持农业机械化政策，推进农业机械化全程全面发展，加强面向小农户的社会化服务。完善农业绿色发展制度，推行农业清洁生产方式，健全耕地草原森林河流湖泊休养生息制度和轮作休耕制度。

98. 引导社会资本投资农业农村应注意哪些问题？

全面实施乡村振兴战略的深度、广度、难度都不亚于脱贫攻坚，必须加强顶层设计，以更有力的举措、汇聚更强大的力量来推进。社会资本是全面推进乡村振兴、加快农业农村现代化的重要支撑力量，需要加大政策引导撬动力度，扩大农业农村有效投资。根据党的十九届五中全会、第十四个五年规划和 2035 年远景目标纲要、中央 1 号文件等明确的农业农村发展目标和重大任务，依据《社会资本投资农业农村指引（2021 年）》，引导社会资本投资农业农村应注意以下问题。

一是在原则上，要坚持尊重农民主体地位，充分尊重农民意愿，切实发挥农民在乡村振兴中的主体作用；要遵循市场规律，充分发挥市场在资源配置中的决定性作用，更好发挥政府作用，坚持"放管服"改革方向，吸引社会资本进入农业农村重点领域，引导社会资本将人才、技术、管理等现代生产要素注入农业农村，加快建成现代农业产业体系、生产体系和经营体系；要坚持开拓创新，鼓励社会资本与政府、金融机构开展合作，加快投融资模式创新应用，有效挖掘乡村服务领域投资潜力，拓宽社会资本投资渠道。

二是在投资产业和领域上，要对标全面推进乡村振兴、加快农业农村现代化目标任务，立足当前农业农村新形势新要求，聚焦农业供给侧结构性改革和乡村建设的重点领域、关键环节，促进农业农村经济转型升级。支持鼓励社会资本投资现代种养业、现代种业、乡村富民产业、农产品加工流通业、乡村新型服务业、生态循环农业，加大对农业科技创新、农业农村人才培养、农业农村基础设施建设、智慧农业建设、农业创业创新、农村人居环境整治、农业对外合作等领域的投资。

三是在投资方式上，各地应根据农业农村实际发展情况，因地制宜创新投融资模式，通过独资、合资、合作、联营、租赁等途径，采取特许经营、公建民营、民办公助等方式，健全联农带农有效激励机制，稳妥有序投入乡村振兴。重点完善全产业链开发模式、探索区域整体开发模式、创新政府和社会资本合作模式、探索设立乡村振兴投资基金、建立紧密合作的利益共赢机制。

各级农业农村部门要集中打造一批社会资本投资农业农村的合作平台，为社会资本投向"三农"提供规划、项目信息、融资、土地、建设运营等一揽子、全方位投资服务，促进要素集聚、产业集中、企业集群，实现控风险、降成本、提效率。同时，加强组织领导，强化政策激励，广泛宣传引导，大力宣传社会资本投资农业农村的重大意义，正确引导社会资本有序进入农业农村经济领域，为社会资本投资营造良好环境。

99. 如何促进小农户和现代农业发展有机衔接?

没有农业农村现代化，就没有整个国家现代化。习近平总书记多次强调，"大国小农"是我们的基本国情农情，要注重解决小农户生产经营面临的困难，把他们引入现代农业发展大格局。

一是提升小农户发展能力。启动家庭农场培育计划，采取优先承租流转土地、提供贴息贷款、加强技术服务等方式，鼓励有长期稳定务农意愿的小农户稳步扩大规模，培育一批规模适度、生产集约、管理先进、效益明显的农户家庭农场。实施小农户能力提升工程，以提供补贴为杠杆，鼓励小农户接受新技术培训，帮助小农户发展成为高素质农民。加强小农户科技装备应用，加快研发经济作物、养殖业、丘陵山区适用机具和设施装备，推广应用面向小农户的实用轻简型装备和技术，建立健全农业农村社会化服务体系，实施科技服务小农户行动，支持小农户运用优良品种、先进技术、物质装备等发展智慧农业、设施农业、循环农业等现代农业。改善小农户生产基础设施，鼓励各地通过以奖代补、先建后补等方式，支持村集体组织小农户开展农业基础设施建设和管护。

二是提高小农户组织化程度。引导小农户开展合作与联合，支持小农户通过联户经营、联耕联种、组建合伙农场等方式联合开展生产，共同购置农机、农资，接受统耕统收、统防统治、统销统结等服务，降低生产经营成本。创新合作社组织小农户机制，坚持农户成员在合作社中的主体地位，发挥农户成员在合作社中的民主管理、民主监督作用，提升合作社运行质量，让农户成员切实受益。发挥龙头企业对小农户带动作用，鼓励龙头企业通过公司＋农户、公司＋农民合作社＋农户等方式，延长产业链、保障供应链、完善利益链，将小农户纳入现代农业产业体系。

三是拓展小农户增收空间。支持小农户发展特色优质农产品，引导小农户拓宽经营思路，依靠产品品质和特色提高自身竞争力。带动小农户发展新产业新业态，大力拓展农业功能，推进农业与旅游、文化、生态等产业深度融合，让小农户分享二三产业增值收益。鼓励小农户创业就业，鼓励有条件的地方构建市场准入、资金支持、金融保险、用地用电、创业培训、产业扶持等相互协同的政策体系，支持小农户结合自身优势和特长在农村创业创新。

四是健全面向小农户的社会化服务体系。发展农业生产性服务业，大力培育适应小农户需求的多元化多层次农业生产性服务组织，促进专项服务与综合服务相互补充、协调发展，积极拓展服务领域，重点发展小农户急需的农资供应、绿色生产技术、农业废弃物资源化利用、农机作业、农产品初加工等服务领域。搭建区域农业生产性服务综合平台，创新农业技术推广服务机制，促进公益性农技推广机构与经营性服务组织融合发展，为小农户提供多形式技术指导服务。加快推进农业生产托管服务，创新农业生产服务方式，适应不同地区不同产业小农户的农业作业环节需求，发展单环节托管、多环节托管、关键环节综合托管和全程托管等多种托管模式。推进面向小农户产销服务，推进农超对接、农批对接、农社对接，支持各地开展多种形式的农产品产销对接活动，拓展小农户营销渠道。实施供销、邮政服务带动小农户工程。实施"互联网＋小农户"计划，加快农业大数据、物联网、移动互联网、人工智能等技术向小农户覆盖，提升小农户手机、互联网等应用技能，让小农户搭上信息化快车。提升小城镇服务小农户功能，实施以镇带村、以村促镇的镇村融合发展模式，将小农户生产逐步融入区域性产业链和生产网络。

五是完善小农户扶持政策。保持土地承包关系稳定并长久不变，衔接落实好第二轮土地承包到期后再延长30年的政策。建立健全农村土地承包经营权确权登记颁证制度，为小农户"确实权、颁铁证"。强化小农户支持政策，新型农业经营主体的评优创先、政策扶持、项目倾斜等，要与带动小农生产挂钩，把带动小农户数量和成效作为重要依据。充分发挥财政杠杆作用，鼓励各地采取贴息、奖补、风险补偿等方式，撬动社会资本投入农业农村，带动小农户发展现代农业。健全针对小农户补贴机制，稳定现有对小农生产的普惠性补贴政策，创新补贴形式，提高补贴效率。提升金融服务小农户水平，发展农村普惠金融，健全小农户信用信息征集和评价体系，探索完善无抵押、无担保的小农户小额信用贷款政策，不断提升小农户贷款覆盖面，切实加大对小农户生产发展的信贷支持。拓宽小农户农业保险覆盖面，建立健全农业保险保障体系，从覆盖直接物化成本逐步实现覆盖完全成本。

100. 如何健全防止返贫动态监测和帮扶机制？

2020 年 3 月，国务院扶贫开发领导小组出台《关于建立防止返贫监测和帮扶机制的指导意见》。各地认真贯彻落实工作要求，普遍建立实施防止返贫监测和帮扶机制，为如期全面打赢脱贫攻坚战提供了制度保障，发挥了重要作用。到 2020 年底，我国现行标准下农村贫困人口全部脱贫、贫困县全部摘帽、区域性整体贫困得到解决，困扰中华民族几千年的绝对贫困问题得到历史性消除，脱贫攻坚成果举世瞩目。

脱贫摘帽不是终点，而是新生活、新奋斗的起点。"十四五"时期，要在全面解决绝对贫困问题基础上，实现巩固拓展脱贫攻坚成果同乡村振兴有效衔接。巩固拓展脱贫攻坚成果是实现有效衔接的基础和前提，要清醒地认识到，目前还有一些脱贫户的发展基础比较脆弱，一些边缘户还面临致贫风险，一些农户会因病因灾因意外事故等导致基本生活出现严重困难，脱贫地区特别是原深度贫困县摘帽时间较晚，经济社会发展基础薄弱，容易发生返贫致贫现象。按照党中央、国务院关于健全防止返贫动态监测和帮扶机制的工作要求，在前期工作调研的基础上，2021 年 5 月，中央农村工作领导小组制定出台《关于健全防止返贫动态监测和帮扶机制的指导意见》，进一步明确了监测对象和范围，优化了监测方式和程序，完善了帮扶政策举措，提出了坚决守住防止规模性返贫底线的要求，为做好今后一个时期防止返贫工作提供了制度保障。

一是明确监测对象和范围。监测对象包括脱贫不稳定户、边缘易致贫户，以及因病因灾因意外事故等刚性支出较大或收入大幅缩减导致基本生活出现严重困难户，重点关注有大病重病和负担较重的慢性病患者、重度残疾人、失能老年人口等特殊群体的家庭。要求各地以脱贫攻坚期国家扶贫标准的 1.5 倍为底线，各省（自治区、直辖市）综合本区域物价指数变化、农村居民人均可支配收入增幅和农村低保标准等因素，合理确定监测范围，实事求是确定监测对象规模。各地要实时监测各类风险隐患，发现解决因工作、责任、政策落实不到位造成的返贫现象，及时排查预警区域性、规模性返贫风险，制定防范措施，落实帮扶举措，坚决守住防止规模性返贫的底线。

二是优化监测方式和程序。细化完善农户自主申报、基层干部排查、部门筛查预警等监测方式，互为补充、相互协同。及时掌握分析媒体、信访等信息，拓宽风险预警渠道。农户自主申报方面，进一步加强政策宣传，提高政策知晓度，因地制宜拓展便捷的自主申报方式。基层干部排查方面，充分发挥制度优势，依靠乡村干部、驻村干部、乡村网格员等基层力量，进行常态化预警，每年至少开展一次集中排查。部门筛查预警方面，进一步加强相关部门数据共享和对接，充分利用先进技术手段，及时将预警信息分类分级反馈基层核实。完善监测对象识别程序，新识别监测对象增加农户承诺授权和民主公开环节。根据风险消除的稳定程度，对监测对象实行分类管理。

三是完善帮扶政策。坚持预防性措施和事后帮扶相结合，可使用行业政策、各级财政衔接推进乡村振兴补助资金等，对所有监测对象开展精准帮扶。按照缺什么补什么的原则，根据监测对象的风险类别、发展需求等开展针对性帮扶。继续发挥东西部协作、对口支援、中央单位定点帮扶等制度优势，动员社会力量积极参与，创新工作举措，对监测对象持续开展帮扶。

四是强化组织保障。把防止返贫、巩固拓展脱贫攻坚成果摆在突出位置，严格落实"四个不摘"要求，层层压实各级各部门工作责任。各地党委农村工作领导小组牵头抓总，各级乡村振兴部门履行工作专责，相关部门根据职责做好信息预警、数据比对和行业帮扶，共同推动政策举措落地落实。健全防止返贫大数据监测平台，进一步强化行业数据信息共享共用，共同开展部门筛查预警和监测帮扶。定期集中研判规模性返贫风险隐患，研究制定应对措施，督促指导各地抓好落实。将防止返贫动态监测和帮扶工作成效作为巩固拓展脱贫攻坚成果的重要内容，纳入乡村振兴战略实绩考核范围，强化考核结果运用。优化监测指标体系，统筹利用信息资源，避免重复填表报数采集信息。按照统一安排，开展集中排查，防止层层加码。

101. 乡村振兴重点帮扶县工作怎么干？

脱贫攻坚战打响以来，我国瞄准832个贫困县实施了一系列重大政策举措，聚焦深度贫困地区攻克贫困堡垒，如期完成了脱贫攻坚目标任务，现行标准下农村贫困人口全部脱贫，贫困县全部摘帽，消除了区域性整体贫困。2020 年 12 月，中共中央、国务院印发《关于实现巩固拓展脱贫攻坚成果同乡村振兴有效衔接的意见》，明确提出在西部地区处于边远或高海拔、自然环境相对恶劣、经济发展基础薄弱、社会事业发展相对滞后的脱贫县中，确定一批国家乡村振兴重点帮扶县，从财政、金融、土地、人才、基础设施建设、公共服务等方面给予集中支持，增强其区域发展能力。同时，各省可自主选择一部分脱贫摘帽县作为省级乡村振兴重点帮扶县，给予倾斜支持。中共中央办公厅、国务院办公厅印发有关文件，对确定国家乡村振兴重点帮扶县细化工作要求。按照党中央、国务院的决策部署，国家乡村振兴局指导西部 10 省（自治区、直辖市）研究确定国家乡村振兴重点帮扶县，协调相关部门出台支持政策。

一是出台重点帮扶县支持政策。根据中共中央办公厅、国务院办公厅印发《关于支持深度贫困地区脱贫攻坚的实施意见》明确的主要政策和部门分工，国家乡村振兴局参照过渡期脱贫攻坚政策调整优化内容，系统梳理深度攻坚政策，研究政策框架，商 28 个单位和部门提出支持国家乡村振兴重点帮扶县支持政策。同时，明确西藏、新疆参照执行政策范围。在此基础上，联合 12 个单位和部门印发《关于支持国家乡村振兴重点帮扶县的实施意见》。

二是部署集中支持重点帮扶县工作。2021 年 6 月，组织西部 10 省（自治区、直辖市）和西藏、新疆，以及中央有关单位和部门，在贵州毕节市召开国家乡村振兴重点帮扶县工作会议。会议强调，要把巩固拓展脱贫攻坚成果作为首要任务，大力促进脱贫人口持续增收，坚决守住不发生规模性返贫的底线。要切实增强自我发展能力，做大做强帮扶产业，发展壮大县域经济，加强与发达地区经济联系。要加快促进社会发展和文明进步，推动教育医疗文化等社会事业发展，探索建立适应县域特点的人才使用机制，推动形成现代文明生活方式。要全面加强对重点帮扶县的支持保障，中央部门要强化政策支持，东西部协作要加大倾斜力度，西部各省份党委和政府要切实担负起总体责任，重点帮扶县要积极主动努力，合力促进发展。

三是全面加强对重点帮扶县的支持保障。中央各有关部门根据职责分工，细化支持政策，强化责任落实，确保各项支持政策落地见效。定点帮扶重点帮扶县的中央单位，向重点帮扶县选派得力干部，帮助引进资金。东西部协作双方牢固树立"以协作促发展"的鲜明导向，围绕支持重点帮扶县发展开展协作，在加强经济联系、产业转移、人才选派、市场合作等方面探索出更多有效的倾斜支持方式，加快提升重点帮扶县自我发展能力。重点帮扶县所在的各省份，借鉴东西部协作和对口帮扶经验，结合本省实际情况，加大省域内协作和对口帮扶的力度，在省内重大发展项目实施、产业链区域布局等方面切实向重点帮扶县倾斜，推动省内发达地区的资金、技术、人才、市场等向重点帮扶县聚集，不断加快重点帮扶县发展步伐。

102. 东西部协作工作怎么干？

党的十八大以来，以习近平同志为核心的党中央持续高位推进东西部扶贫协作工作，习近平总书记亲自谋划、亲自部署、亲自推动，亲自召开座谈会提出明确要求。东西部扶贫协作全面提速，强力推进，取得突破性进展，为打赢脱贫攻坚战作出了重要贡献。

打赢脱贫攻坚战后，"三农"工作重心历史性转向全面推进乡村振兴。中央明确要求，继续坚持和完善东西部协作机制。2021年3月，中共中央办公厅、国务院办公厅印发《关于坚持和完善东西部协作机制的意见》，对东西部协作结对关系进行调整优化，对下步工作提出明确要求。4月，习近平总书记就深化东西部协作工作作出重要指示，为新发展阶段深化东西部协作工作举旗定向、领航掌舵。

一是加强组织领导。东西部协作双方省份每年要召开会议专题研究部署东西部协作工作，要出台关于东西部协作的有关政策文件，研究编制"十四五"时期东西部协作规划，每年分别制订工作计划。省级党委和政府主要负责同志每两年至少到协作地区对接1次，省级分管负责同志每年到协作地区对接1次，协作双方每年要召开高层联席会议。要继续组织东部经济较发达县（市、区）结对帮扶西部脱贫县、国家乡村振兴重点帮扶县；组织有条件、有能力的学校、医院结对帮扶西部学校、医院，进一步帮助西部提高公共服务水平。

二是巩固脱贫成果。结对关系调整后，东部地区要继续支持在原帮扶市州已实施的项目和落地企业，做到"关系不断、感情不淡、合作加深"。要利用东西部协作机制，通过提供岗位、就业培训、组织输转、帮助稳岗等方式，帮助农村劳动力（含脱贫人口）到东部结对省份、省外其他地区和在省内实现稳定就业。要支持西部地区加强仓储保鲜、冷链物流等农产品流通设施建设，进一步畅通流通环节，降低运输成本；动员东部地区社会力量加大对西部地区农畜产品的采购力度，深化消费帮扶。

三是加强区域协作。东西部协作双方要加大园区共建力度，特别是农业产业园区共建力度，在规划设计、投资建设、招商引资、运营管理等方面加强合作，引导更多企业到西部投资兴业，带动群众增收，推动西部地区产业提档升级，推动区域协调发展。

四是促进乡村振兴。要继续深化干部人才双向交流，帮助西部地区培养乡村振兴干部人才。要加大对东部挂职干部人才的关心、关爱和激励，既要提供干事创业平台、创造良好的工作环境，又要在表彰奖励、提拔重用、职称评定等方面建立激励政策。要按照帮扶力度不减的要求，继续向西部地区提供资金援助，积极动员社会力量捐款捐物，西部地区要管好用好帮扶资金。

五是加强工作创新。要围绕巩固拓展脱贫攻坚成果、全面推进乡村振兴和推动区域协调发展，借鉴推广东部地区乡村振兴经验做法，引导企业、社会组织等社会各方面力量参与，与原结对城市接续开展合作交流等方面大胆创新，充分挖掘发展潜力、夯实发展基础、增强发展能力。

103. 中央单位定点帮扶怎么干？

中央单位定点扶贫是中国特色扶贫开发事业的重要组成部分，是我国政治优势和制度优势的重要体现。党的十八大以来，习近平总书记高度重视定点扶贫工作，多次作出重要指示，为中央单位定点扶贫工作提供根本遵循。打赢脱贫攻坚战后，中央决定继续组织开展中央单位定点帮扶工作。2021年3月30日，中共中央办公厅、国务院办公厅印发《关于坚持做好中央单位定点帮扶工作的意见》。4月，习近平总书记就深化东西部协作和定点帮扶工作作出重要指示，要求中央定点帮扶单位要落实帮扶责任，发挥自身优势，创新帮扶举措，加强工作指导，督促政策落实，提高帮扶实效。

一是开展调查研究，共谋发展良策。把定点帮扶县作为调查研究的重要基地、联系基层的重要渠道、改进作风的重要平台，要与定点帮扶县一起分析发展现状，贯彻新发展理念，共同制定发展规划；查漏补缺改进工作，发现政策执行过程中的新情况新问题，提出有针对性的政策建议；及时发现和总结基层典型经验和成功案例，多渠道加强宣传推广。

二是督促政策落实，加强工作指导。及时指导定点帮扶县把工作重心从脱贫攻坚转向巩固拓展脱贫攻坚成果、全面推进乡村振兴；督促定点帮扶县落实主体责任，运行好防止返贫监测和帮扶机制，落细落实过渡期各项帮扶政策措施，坚决防止出现规模性返贫。

三是发挥单位优势，创新帮扶方式。突出中央单位优势，结合定点帮扶县实际，开展针对性帮扶。一方面，巩固好"两不愁三保障"成果，接续帮助乡村特色产业发展壮大、持续助力脱贫人口稳岗就业；另一方面，围绕"五大振兴"，积极参与农村人居环境整治、农村厕所革命、乡村治理等工作，用新的理念、技术、方式，指导和带动帮扶地区全面振兴。

四是激发内生动力，培育文明新风。坚持群众主体地位，志智双扶，尤其对有劳动能力的群众主要采取产业、就业等方式开展帮扶，大力倡导自力更生、勤劳致富。指导定点帮扶县加强社会主义精神文明建设，推进农村移风易俗，革除高价彩礼、人情攀比、厚葬薄养、铺张浪费等陈规陋习，反对迷信活动，培育文明乡风、良好家风、淳朴民风。

五是加强基层党建，完善乡村治理体系。指导定点帮扶县抓党建促振兴，充分发挥基层党组织战斗堡垒作用，借鉴脱贫攻坚成功经验做法，充分发挥驻村第一书记和工作队的重要作用，不断推动乡村治理体系和治理能力现代化。

六是选派挂职干部，加强管理使用。中央单位要把乡村振兴作为培养锻炼干部的广阔舞台，继续向定点帮扶县选派挂职帮扶干部和驻村第一书记，把主要精力放在巩固拓展脱贫攻坚成果、全面推进乡村振兴上。同时，要加强对挂职干部的管理使用和关心支持，鼓励开展干部双向挂职交流。

此外，《关于坚持做好中央单位定点帮扶工作的意见》还明确了加强组织领导、稳定结对关系、保持牵头机制、开展考核评价4条工作要求。

组织领导篇

104. 如何加强党对"三农"工作的全面领导?

乡村振兴工作千头万绪、任务艰巨，涉及众多部门，既需要分兵把口，更需要统筹协调，形成整体合力。只有加强党委统一领导、党委农村工作部门统筹协调，才能更好发挥我们的政治优势和制度优势。

一是强化五级书记抓乡村振兴的工作机制。要深入贯彻落实《中国共产党农村工作条例》，健全中央统筹、省负总责、市县乡抓落实的农村工作领导体制，将脱贫攻坚工作中形成的组织推动、要素保障、政策支持、协作帮扶、考核督导等工作机制，根据实际需要运用到推进乡村振兴，建立健全上下贯通、精准施策、一抓到底的乡村振兴工作体系。省、市、县级党委要定期研究乡村振兴工作，县委书记应当把主要精力放在"三农"工作上。建立乡村振兴联系点制度，省、市、县级党委和政府负责同志都要确定联系点。加强党对乡村人才工作的领导，将乡村人才振兴纳入党委人才工作总体部署，健全适合乡村特点的人才培养机制，强化人才服务乡村激励约束。加快建设政治过硬、本领过硬、作风过硬的乡村振兴干部队伍，选派优秀干部到乡村振兴一线岗位，把乡村振兴作为培养锻炼干部的广阔舞台，对在艰苦地区、关键岗位工作表现突出的干部优先重用。

二是加强党委农村工作领导小组和工作机构建设。充分发挥各级党委农村工作领导小组牵头抓总、统筹协调作用，成员单位出台重要涉农政策要征求党委农村工作领导小组意见并进行备案。各地要围绕"五大振兴"目标任务，设立由党委和政府负责同志领导的专项小组或工作专班，建立落实台账，压实工作责任。强化党委农村工作领导小组办公室决策参谋、统筹协调、政策指导、推动落实、督促检查等职能，每年分解"三农"工作重点任务，落实到各责任部门，定期调度工作进展。加强党委农村工作领导小组办公室机构设置和人员配置。

三是加强党的农村基层组织建设和乡村治理。充分发挥农村基层党组织领导作用，持续抓党建促乡村振兴。有序开展乡镇、村集中换届，选优配强乡镇领导班子、村"两委"成员特别是村党组织书记，在有条件的地方积极推行村党组织书记通过法定程序担任村民委员会主任。与换届同步选优配强村务监督委员会成员，基层纪检监察组织加强与村务监督委员会的沟通协作、有效衔接。坚持和完善向重点乡村选派驻村第一书记和工作队制度。加大在优秀农村青年中发展党员力度，加强对农村基层干部激励关怀，提高工资补助待遇，改善工作生活条件，切实帮助解决实际困难。推进村委会规范化建设和村务公开"阳光工程"。开展乡村治理试点示范创建工作，创建民主法治示范村，培育农村学法用法示范户。加强乡村人民调解组织队伍建设，推动就地化解矛盾纠纷。建立健全农村地区扫黑除恶常态化机制，加强县乡村应急管理和消防安全体系建设，做好对自然灾害、公共卫生、安全隐患等重大事件的风险评估、监测预警、应急处置。

四是加强新时代农村精神文明建设。弘扬和践行社会主义核心价值观，以农民群众喜闻乐见的方式，深入开展习近平新时代中国特色社会主义思想学习教育。拓展新时代文明实践中心建设，深化群众性精神文明创建活动。在乡村深入开展"听党话、感党恩、跟党走"宣讲活动。深入挖掘、继承创新优秀传统乡土文化，把保护传承和开发利用结合起来，赋予中华农耕文明新的时代内涵。持续推进农村移风易俗，推广积分制、道德评议会、红白理事会等做法，加大高价彩礼、人情攀比、厚葬薄养、铺张浪费、封建迷信等不良风气治理，推动形成文明乡风、良好家风、淳朴民风。

五是健全乡村振兴考核落实机制。对市县党政领导班子和领导干部开展乡村振兴实绩考核，纳入党政领导班子和领导干部综合考核评价内容，加强考核结果应用，注重提拔使用乡村振兴实绩突出的市县党政领导干部。对考核排名落后、履职不力的市县党委和政府主要负责同志进行约谈，建立常态化约谈机制。将巩固拓展脱贫攻坚成果纳入乡村振兴考核。强化乡村振兴督查，创新完善督查方式，及时发现和解决存在的问题，推动政策举措落实落地。加强乡村振兴宣传工作，在全社会营造共同推进乡村振兴的浓厚氛围。

105. 党的农村工作的指导思想和基本方针是什么？

为坚持和加强党对农村工作的全面领导，贯彻党的基本理论、基本路线、基本方略，深入实施乡村振兴战略，提高新时代党全面领导农村工作的能力和水平，根据《中国共产党章程》，党中央制定《中国共产党农村工作条例》。条例明确了党的农村工作的指导思想、基本方针。

党的农村工作的指导思想是必须高举中国特色社会主义伟大旗帜，坚持以马克思列宁主义、毛泽东思想、邓小平理论、"三个代表"重要思想、科学发展观、习近平新时代中国特色社会主义思想为指导，增强政治意识、大局意识、核心意识、看齐意识，坚定道路自信、理论自信、制度自信、文化自信，坚决维护习近平总书记党中央的核心、全党的核心地位，坚决维护党中央权威和集中统一领导，紧紧围绕统筹推进"五位一体"总体布局和协调推进"四个全面"战略布局，坚持稳中求进工作总基调，贯彻新发展理念，落实高质量发展要求，以实施乡村振兴战略为总抓手，健全党领导农村工作的组织体系、制度体系和工作机制，加快推进乡村治理体系和治理能力现代化，加快推进农业农村现代化，让广大农民过上更加美好的生活。

党的农村工作的基本方针是坚持把解决好"三农"问题作为全党工作重中之重，把解决好吃饭问题作为治国安邦的头等大事，坚持农业农村优先发展，坚持多予少取放活，推动城乡融合发展，集中精力做好脱贫攻坚、防贫减贫工作，走共同富裕道路。

106. 如何牢牢坚持党管农村工作的大政方针?

政策和策略是党的生命，是贯彻党的路线、完成党的战略任务的保证。《中国共产党农村工作条例》对我们党的农村工作方针政策进行了系统总结，形成了新时代党的农村工作大政方针。要深刻领会这些大政方针对统领农业农村各项政策的重大意义，进一步增强贯彻落实的自觉性和主动性。

一是坚持把解决好"三农"问题作为全党工作重中之重。习近平总书记强调，把解决好"三农"问题作为全党工作重中之重，是我们党执政兴国的重要经验，必须长期坚持、毫不动摇。农业基础稳固，农村和谐稳定，农民安居乐业，整个大局就有保障，各项工作都会比较主动。实践反复证明，越是形势严峻复杂，越要稳住"三农"这个基本盘、守住战略后院，发挥好"三农"压舱石和稳定器作用。各级党委必须坚持把解决好"三农"问题作为全党工作重中之重，巩固发展"三农"持续向好形势，为有效应对各种风险挑战、确保经济持续健康发展和社会大局稳定奠定坚实基础。

二是把解决好吃饭问题作为治国安邦的头等大事。习近平总书记多次强调，我国是个人口众多的大国，解决好吃饭问题始终是治国理政的头等大事。中国人的饭碗任何时候都要牢牢地端在自己手上。我们的饭碗应该主要装中国粮。党的十八大以来，党中央高度重视粮食生产。2020 年，我国粮食总产量创历史新高，达到了13390 亿斤，连续 6 年站稳 1.3 万亿斤台阶，实现了"十七连丰"。但必须看到，我国是一个农业大国，粮食生产能力的基础还不稳固，部分地方放松粮食生产的倾向有所抬头，粮食产量滑下去容易、提上来难，供求吃紧就会影响社会稳定，影响整个大局。粮食安全是国家安全的基础，要毫不动摇抓好粮食生产，把藏粮于地、藏粮于技战略落到实处，严守耕地红线，确保谷物基本自给、口粮绝对安全。

三是坚持农业农村优先发展。习近平总书记在深刻把握新时代工农城乡发展规律的基础上，提出农业农村优先发展，明确将其作为现代化建设的重大原则，作为实施乡村振兴战略的总方针，为党管农村工作指明了方向，为完善强农惠农富农政策提供了根本遵循。要牢牢树立农业农村优先发展这个现代化建设的重大原则，坚持多予少取放活，不断加大扶持力度，在干部配备、资金投入、要素配置、公共服务等方面出台硬措施硬办法，加快补齐农业农村发展短板，促进乡村全面振兴。

四是推动城乡融合发展。习近平总书记强调，要重塑城乡关系，走城乡融合发展之路。在现代化进程中，如何处理好工农关系、城乡关系，在一定程度上决定着现代化的成败。我们党高度重视处理工农、城乡关系，根据不同发展阶段的要求，进行了不懈探索。党的十六大提出统筹城乡经济社会发展。党的十七大提出建立以工促农、以城带乡长效机制，形成城乡经济社会发展一体化新格局。党的十八大提出推动城乡发展一体化。党的十九大提出建立健全城乡融合发展体制机制和政策体系。推动城乡融合发展，是党中央从全局和战略高度出发，对把握和处理工农关系、城乡关系作出的新的重大方针。党的农村工作要牢固树立城乡融合发展理念，坚决破除阻碍城乡要素合理流动各种障碍，加快建立健全城乡融合发展体制机制和政策体系，坚持以工补农、以城带乡，推动形成工农互促、城乡互补、全面融合、共同繁荣的新型工农城乡关系。

五是走共同富裕道路。习近平总书记强调，消除贫困、改善民生、实现共同富裕，是社会主义的本质要求，是我们党的重要使命。全面打赢脱贫攻坚战，充分彰显了中国共产党领导和我国社会主义制度的政治优势。打赢脱贫攻坚战，消除绝对贫困，不是终点，而是新生活、新奋斗的起点，是促进贫困地区乡村全面振兴，带领农民群众走共同富裕道路的新起点。要不断巩固和扩大脱贫攻坚成果，推动脱贫攻坚和乡村振兴有机衔接。要把促进农民收入持续增长作为重要任务，不断缩小城乡居民收入差距，让广大农民同全国人民一道迈入全面小康社会，让亿万农民在共同富裕的道路上赶上来。

107. 党的农村工作必须遵循的主要原则有哪些？

《中国共产党农村工作条例》（以下简称《条例》）结合党管农村工作的长期实践经验，把握新时代农村工作规律，提出党的农村工作必须遵循六项原则。

一是坚持党对农村工作的全面领导。党政军民学，东西南北中，党是领导一切的，《条例》强调要坚持党对农村工作的全面领导，确保党在农村工作中总揽全局、协调各方，保证农村改革发展沿着正确的方向前进。

二是坚持以人民为中心。中国共产党自成立以来就一直把依靠农民、为亿万农民谋幸福作为重要使命，《条例》强调要坚持以人民为中心，尊重农民主体地位和首创精神，切实保障农民物质利益和民主权利，把农民拥护不拥护、支持不支持作为制定党的农村政策的依据。

三是坚持巩固和完善农村基本经营制度。农村基本经营制度是党的农村政策的基石，必须毫不动摇地坚持，《条例》明确把坚持巩固和完善农村基本经营制度，夯实党的农村政策基石列为党的农村工作的原则之一。

四是坚持走中国特色社会主义乡村振兴道路。我国乡村振兴道路怎么走，只能靠我们自己去探索，《条例》强调坚持走中国特色社会主义乡村振兴道路，推进乡村产业振兴、人才振兴、文化振兴、生态振兴、组织振兴。

五是坚持教育引导农民听党话、感党恩、跟党走。做好党的农村工作，必须加强党在农村的群众工作，密切党同农民群众的血肉联系，《条例》要求坚持教育引导农民听党话、感党恩、跟党走，把农民群众紧紧团结在党的周围，筑牢党在农村的执政基础。

六是坚持一切从实际出发。我国各地情况千差万别，必须科学把握乡村的差异性，因地制宜、精准施策，《条例》明确坚持一切从实际出发，分类指导、循序渐进，不搞强迫命令、不刮风、不一刀切。

108. 党的农村工作主要任务是什么？

党对农村工作的领导是具体的，而不是抽象的。加强党对农村工作的领导，就是要加强党对农村经济建设、政治建设、文化建设、社会建设、生态文明建设和党的建设各项工作的全面领导，把住农村改革发展方向和重大政策取向。新时代党的农村工作主要任务包括六个方面。

一是加强党对农村经济建设的领导。主要是巩固和加强农业基础地位，实施藏粮于地、藏粮于技战略，严守耕地红线，确保谷物基本自给、口粮绝对安全，深化农业供给侧结构性改革，发展壮大农村集体经济，促进农民持续增收致富，巩固和扩大脱贫攻坚成果。

二是加强党对农村社会主义民主政治建设的领导。主要是健全村党组织领导的充满活力的村民自治机制，丰富基层民主协商形式，严厉打击农村黑恶势力、宗族恶势力，严厉打击各类违法犯罪、暴力恐怖活动，保障人民生命财产安全，巩固农村基层政权。

三是加强党对农村社会主义精神文明建设的领导。主要是培育和践行社会主义核心价值观，建好用好新时代文明实践中心，传承发展提升农村优秀传统文化，推进移风易俗，深入开展农村群众性精神文明创建活动，提高农民科学文化素质和乡村社会文明程度。

四是加强党对农村社会建设的领导。主要是坚持保障和改善农村民生，大力发展农村社会事业，加快改善农村公共基础设施和基本公共服务条件，健全党组织领导下的自治、法治、德治相结合的乡村治理体系，提升农民生活质量，建设充满活力、和谐有序的乡村社会。

五是加强党对农村生态文明建设的领导。主要是牢固树立和践行绿水青山就是金山银山的发展理念，统筹山水林田湖草系统治理，促进农业绿色发展，加强农村生态环境保护，改善农村人居环境，建设生态宜居美丽乡村。

六是加强农村党的建设。主要是坚持农村基层党组织领导地位不动摇，乡镇党委和村党组织全面领导乡镇、村的各类组织和各项工作，坚持抓乡促村，选优配强村党组织书记，整顿软弱涣散村党组织，健全村党组织领导下的议事决策机制、监督机制，深入推进农村党风廉政建设。

109. 如何建立健全党领导的乡村振兴体制机制？

党管农村工作是我们党的优良传统，也是政治优势，更是全面推进乡村振兴的根本保证。全面推进乡村振兴，必须健全党领导农村工作的组织体系、制度体系、工作机制，提高新时代党全面领导农村工作的能力和水平。这对加强党对"三农"工作的领导，构建乡村振兴推进工作机制提出了新的更高要求。要总结借鉴脱贫攻坚的经验办法，作出"长牙齿"的制度安排，把党对"三农"工作的领导落到实处。

一是建立健全协同高效的工作运行机制。扶贫机构调整后，党委农办、农业农村部门、乡村振兴部门共同抓乡村振兴，三家都在党委农村工作领导小组框架下开展工作。各地要充分发挥党委农村工作领导小组牵头抓总、统筹协调作用，突出党委农办领导地位，发挥好农业农村部门和乡村振兴机构的支撑作用，做到一盘棋部署、一体化推进。

二是建立健全清晰明确的责任落实机制。要建立实施乡村振兴战略领导责任制，实行中央统筹、省负总责、市县乡抓落实的工作机制。党委和政府一把手是第一责任人，五级书记抓乡村振兴。各省也要构建责任清晰、各负其责、合力推进的乡村振兴责任体系，特别是在推动县委书记把主要精力放在"三农"工作上、当好乡村振兴的"一线总指挥"方面，制定务实管用的具体举措。

三是建立健全动真碰硬的考核督查制度。要抓紧研究建立健全乡村振兴考核评价办法，探索建立常态化督查检查制度。各省份要细化完善对市县党政领导班子和领导干部的乡村振兴实绩考核制度，健全与全面推进乡村振兴相匹配的考核指标体系，纳入党政领导班子和领导干部综合考核评价内容。要建立常态化约谈机制，强化考核结果运用，对工作推进不力的及时问责问效。

110. 加强党对农村工作的全面领导有哪些保障措施?

《中国共产党农村工作条例》从改革、投入、科技教育、乡村规划、法治等方面，对各级党委完善相关保障措施提出了明确要求。

一是要以处理好农民和土地的关系为主线推动深化农村改革，坚持农村土地农民集体所有，坚持家庭经营基础性地位，坚持保持土地承包关系稳定并长久不变，与时俱进推动"三农"理论创新、实践创新、制度创新。

二是要推动建立"三农"财政投入稳定增长机制，加大强农惠农富农政策力度，完善农业支持保护制度，健全农村金融服务体系，拓宽资金筹措渠道，确保"三农"投入力度不断增强、总量持续增加。

三是要深入实施科教兴农战略，健全国家农业科技创新体系、现代农业教育体系、农业技术推广服务体系，把农业农村发展转到创新驱动发展的轨道上来。

四是要坚持规划先行，突出乡村特色，保持乡村风貌，加强各类规划统筹管理和系统衔接，科学有序推进乡村建设发展。

五是坚持法治思维，增强法治观念，健全农业农村法律体系，加强农业综合执法，提高党领导农村工作法治化水平。

111. 五级书记抓乡村振兴怎么抓？

五级书记抓乡村振兴，是习近平总书记明确要求的，是《中国共产党农村工作条例》明确规定的。五级书记要坚决扛好这个政治责任，切实把优先发展农业农村、全面推进乡村振兴落到实处。

一是建立健全工作体系。要深入贯彻落实《中国共产党农村工作条例》，健全中央统筹、省负总责、市县乡抓落实的农村工作领导体制，将脱贫攻坚工作中形成的组织推动、要素保障、政策支持、协作帮扶、考核督导等工作机制，根据实际需要运用到推进乡村振兴，建立健全上下贯通、精准施策、一抓到底的乡村振兴工作体系。建立乡村振兴联系点制度，省、市、县级党委和政府负责同志都要确定联系点。

二是健全完善领导责任制。要健全完善实施乡村振兴战略领导责任制，地方各级党委和政府一把手是第一责任人，要亲自研究推动乡村振兴工作，特别是县委书记要把主要精力放在抓"三农"工作上，当好乡村振兴"一线总指挥"。省（自治区、直辖市）党委应当定期研究本地区农村工作，定期听取农村工作汇报，决策农村工作重大事项，召开农村工作会议，制定出台农村工作政策举措，抓好重点任务分工、重大项目实施、重要资源配置等工作。市（地、州、盟）党委应当把农村工作摆上重要议事日程，做好上下衔接、域内协调、督促检查工作，发挥好以市带县作用。县（市、区、旗）党委处于党的农村工作前沿阵地，应当结合本地区实际，制定具体管用的工作措施，建立健全职责清晰的责任体系，贯彻落实党中央以及上级党委关于农村工作的要求和决策部署。县委书记应当把主要精力放在农村工作上，深入基层调查研究，加强统筹谋划，狠抓工作落实。

三是充分发挥党委农村工作部门作用。要充分发挥各级党委农村工作领导小组牵头抓总、统筹协调的作用，真正把"三农"工作全面统起来。县级以上地方党委应当设立农村工作领导小组，省市级农村工作领导小组一般由同级党委副书记任组长，县级农村工作领导小组由县委书记任组长，其成员由党委和政府有关负责人以及相关部门主要负责人组成。加强各级党委农村工作部门建设，做好机构设置和人员配置工作。各级党委农村工作部门履行决策参谋、统筹协调、政策指导、推动落实、督导检查等职能。各级党委应当完善农村工作领导决策机制，注重发挥人大代表和政协委员作用，注重发挥智库和专业研究机构作用，提高决策科学化水平。

112. 如何强化乡村振兴的支撑保障？

全面实施乡村振兴战略的深度、广度、难度都不亚于脱贫攻坚，需要我们攻坚克难创造条件，突出重点狠抓落实，久久为功持续推进。

一是加强党对乡村振兴的集中统一领导。党管农村工作，是我们党的优良传统，也是政治优势，更是下一步全面推进乡村振兴的根本保证。全面推进乡村振兴，必须健全党领导农村工作的组织体系、制度体系、工作机制，提高新时代党全面领导农村工作的能力和水平。要抓好《中国共产党农村工作条例》贯彻落实，落实五级书记抓乡村振兴要求，把党的全面领导政治优势转化为工作优势。要突出抓基层、强基础、固基本的工作导向，推动各类资源向基层下沉，选优配强乡镇领导班子和村两委成员特别是村党组织书记，抓好软弱涣散基层党组织整顿提升，以及基层农业农村服务体系建设，筑牢乡村振兴的战斗堡垒。

二是坚持规划先行。习近平总书记多次强调，实施乡村振兴战略要坚持科学规划、注重质量、从容建设。这一轮乡村建设，决定未来二三十年乃至更长时期的村庄风貌和乡村发展，必须坚持先规划后建设。2021年要基本完成县级国土空间总体规划编制，明确村庄布局和分类，重点村尽快编制"多规合一"实用性村庄规划，注重保护传统村落和乡村特色风貌，不能照搬城镇建设那一套，搞得城不像城、村不像村。

三是推动资源要素向乡村配置。乡村振兴必须真刀真枪地干，真金白银地投。习近平总书记指出，如果乡村人才、土地、资金等要素一直单向流向城市，长期处于"失血""贫血"状态，振兴就是一句空话。要千方百计拓展乡村振兴资金渠道，加快形成财政优先保障、金融重点倾斜、社会积极参与的多元投入格局。中央将继续把农业农村作为一般公共预算优先保障的领域，中央预算内投资进一步向农业农村倾斜。同时，土地出让收入优先支持乡村振兴的政策也很关键，地方专项债等政策也要积极争取利用，增加农业农村投入比例。乡村振兴有海量的投资需求，金融机构也有巨大的投资热情，但最大的问题是供需对接不上、对接不畅，还得在体制机制上多想些办法。适时发布社会资本投资农业农村指引，明确乡村振兴投资重点领域，规范投资行为，让社会资本知道投向哪、怎么投。

四是发挥农民主体作用。农民是农业农村发展的根本力量，是乡村振兴的主体。农业农村改革发展每一次大的突破，都来自于农民群众的实践和智慧，如家庭承包、乡镇企业、村民自治、"三权分置"等，都是我们党对农民成功实践的总结提炼和推广。全面推进乡村振兴，要始终以农民的愿望和诉求为依归，坚持为农民而建设、为农民而振兴，尊重农民的创造与选择，政府要切实办好农民自己办不了也办不好的事，充分调动农民的积极性、主动性和创造性，真正让农民成为乡村振兴的支持者、参与者和受益者，引导他们提升内在动力，积极主动地改造农村、改变生活。全面推进乡村振兴中遇到的新情况新问题，要在严守法律政策界限和工作规范，把好法律关、公平公正关、道德风险关的前提下，充分发挥村民自治作用，把选择权交给农民，通过集体民主协商等方式自主调节利益关系。

113. 为什么说县委书记是乡村振兴"一线总指挥"？

郡县治，天下安。习近平总书记多次强调县委是我们党执政兴国的"一线指挥部"，县委书记就是"一线总指挥"，指出县委书记要下大气力抓好"三农"工作，当好乡村振兴"一线总指挥"。全面推进乡村振兴，县委书记责任重大，角色关键，作用十分重要。

一是从我国的治理结构看，县级党委处于党的农村工作前沿阵地。一方面，县一级是实施乡村振兴战略的"主战场"。县域是承上启下、城乡融合的纽带，在国家治理体系中发挥着重要作用，处在贯彻落实中央决策部署的关键位置，决定着实施乡村振兴战略的成色。另一方面，县委书记是实施乡村振兴战略的关键岗位。县委书记主政一方，既要抓宏观，又要抓微观，既要重部署，又要重落实，既要靠指挥，又要靠实干，直接面对着广大农民和乡村，是实施乡村振兴战略的直接推动者和关键力量。必须发挥好县委书记的指挥长作用，结合本地区实际，制定具体管用的工作措施，建立健全职责清晰的责任体系，贯彻落实党中央以及上级党委关于农村工作的要求和决策部署，推动乡村振兴各项政策措施落地见效。

二是从脱贫攻坚的伟大实践看，离不开县委书记的"一线指挥"。我国脱贫攻坚战取得全面胜利，一条重要的经验就是坚持党的领导，强化中央统筹、省负总责、市县抓落实的工作机制，构建五级书记抓扶贫、全党动员促攻坚的局面，为脱贫攻坚提供了坚强政治保证和组织保障。县委书记作为县一级脱贫攻坚的第一责任人，把脱贫攻坚作为统揽经济社会发展全局的首要政治任务，坚持精准扶贫、精准脱贫方略，靠前指挥、亲力亲为，有效组织县域内外各个方面，集中力量、整合资源，发起了对农村绝对贫困问题的集团化攻坚战，啃下最难啃的"硬骨头"，为如期完成脱贫攻坚目标任务发挥了至关重要的作用。

三是从全面推进乡村振兴的要求看，县委书记必须把主要精力放在"三农"工作上。当前，我国已开启全面建设社会主义现代化国家新征程，"三农"工作重心历史性转向全面推进乡村振兴、加快农业农村现代化。习近平总书记强调，全面实施乡村振兴战略的深度、广度、难度都不亚于脱贫攻坚，必须采取更有力的举措、汇聚更强大的力量来推进。《中国共产党农村工作条例》明确规定了县委书记的职责。这就要求县委书记进一步提高政治站位，充分认识新发展阶段做好"三农"工作的重要性和紧迫性，把主要精力放在"三农"工作上，深入基层调查研究，加强统筹谋划，狠抓工作落实，以更大的责任心和使命感，全面推进乡村振兴。

114. 如何健全乡村振兴考核落实机制？

落实五级书记抓乡村振兴要求，必须强化考核监督，形成科学有效的激励机制，充分调动各级党委抓农村工作的积极性、主动性。

一是健全考核机制。健全五级书记抓乡村振兴考核机制。地方各级党委和政府主要负责人、农村基层党组织书记是本地区乡村振兴工作第一责任人，上级党委和政府应当对下级党委和政府主要负责人、农村基层党组织书记履行第一责任人职责情况开展督查考核，并将考核结果作为干部选拔任用、评先奖优、问责追责的重要参考。各省（自治区、直辖市）党委和政府每年向党中央、国务院报告乡村振兴战略进展情况，省以下各级党委和政府每年向上级党委和政府报告乡村振兴战略进展情况。县级以上人民政府应当向本级人大报告乡村振兴促进工作情况。将对市县党政领导班子和领导干部开展乡村振兴实绩考核，纳入党政领导班子和领导干部综合考核评价内容，加强考核结果应用，注重提拔使用乡村振兴实绩突出的市县党政领导干部。将巩固拓展脱贫攻坚成果纳入乡村振兴考核。

二是依法依规问责。地方各级党政领导班子和主要负责人不履行或者不正确履行农村工作职责的，应当依照有关党内法规和法律法规予以问责；对农村工作履职不力、工作滞后的，上级党委应当约谈下级党委,本级党委应当约谈同级有关部门。强化乡村振兴督查,创新完善督查方式,及时发现和解决存在的问题,推动政策举措落实落地。持续纠治形式主义、官僚主义,将减轻村级组织不合理负担纳入中央基层减负督查重点内容。坚持实事求是、依法行政,把握好农村各项工作的时度效。

三是加强正向激励。各级党委应当建立激励机制,鼓励干部敢于担当作为、勇于改革创新、乐于奉献为民,按照规定表彰和奖励在农村工作中作出突出贡献的集体和个人。加强乡村振兴宣传工作,在全社会营造共同推进乡村振兴的浓厚氛围。

115. 如何加强"三农"工作队伍建设?

乡村振兴,关键在人、关键在干。必须建设一支政治过硬、本领过硬、作风过硬的乡村振兴干部队伍,把乡村振兴作为培养锻炼干部的广阔舞台。这是习近平总书记着眼全面推进乡村振兴提出的战略任务,为新时期农业农村干部和人才队伍建设指明了方向,提供了根本遵循。

一是拓宽"三农"干部选任渠道。从各级机关选派优秀中青年干部到县乡"三农"工作岗位挂职锻炼。鼓励懂科学、懂技术、懂建设的年轻人才到农村,走上治理村务、发展经济的重要岗位。把本地农村致富带头人、百姓身边的道德典范、回乡创业的新乡贤吸纳进村党组织、培养为村党支部书记,选准选强基层党组织带头人。从产业带头人、致富能手、技术带头人、种养殖能手、退伍军人、返乡大学生等群体中发展村级后备干部,优化村干部年龄结构、性别结构、文化程度。把农村一线工作锻炼作为培养干部的重要途径,注重提拔使用实绩优秀的干部，形成人才向农村基层一线流动的用人导向。

二是强化"三农"干部教育培训。制定并实施培训计划，使"三农"干部开阔眼界，提升把握大局、驾驭复杂局面的能力，深入把握全面推进乡村振兴的内涵与要求，不断提升履行职责的能力。积极更新观念，不断提高"三农"干部引领市场和依法行政的能力，真正重视市场、研究市场、运用市场，用好市场需求的导航灯。强化法治思维，在全面推进乡村振兴中，更多用法治的思维来凝聚共识、争取支持、解决问题。同时，要强化思想道德与价值观教育，增强与农村农民的天然感情，全面提升"三农"干部队伍能力水平和思想境界。

三是加强"三农"干部待遇保障。农村干部待遇相比从前有了一定改善，但与城市相比，工资待遇、生活条件、教育医疗服务等还有一定差距。要给予政策倾斜，进一步提高干部队伍待遇保障，为"三农"干部长期服务农村、扎根基层解除后顾之忧。统筹解决"三农"干部在农村、子女在城市的矛盾，对"三农"干部子女在城市就读、看病住院、生活居住等方面开通绿色通道。重视和丰富对"三农"干部的荣誉鼓励，使想干事、能干事、干成事的"三农"干部脱颖而出。

四是健全"三农"干部培养机制。建立以能力和成果为导向的评价机制，对不同类型和层次的"三农"干部实行分类分级评价。建立健全激励考核机制，注重提拔使用实绩优秀的"三农"干部。建立退出机制，对考核评价不合格、不适应、不适宜在"三农"工作岗位的干部适时清退、调整岗位。

116. 如何加强农村人才队伍建设？

乡村振兴，关键在人。中共中央办公厅、国务院办公厅印发《关于加快推进乡村人才振兴的意见》，就加快培养农业生产经营人才、农村二三产业发展人才、乡村公共服务人才、乡村治理人才、农业农村科技人才提出了明确要求，作出了农村工作干部培养锻炼、乡村人才培养、各类人才定期服务乡村等一系列制度安排。

一是加快培养农业生产经营人才。培养高素质农民队伍，深入实施现代农民培育计划，重点面向从事适度规模经营的农民，分层分类开展全产业链培训，加强训后技术指导和跟踪服务，支持创办领办新型农业经营主体，充分利用现有网络教育资源，加强农民在线教育培训，实施农村实用人才培养计划，加强培训基地建设，培养造就一批能够引领一方、带动一片的农村实用人才带头人。突出抓好家庭农场经营者、农民合作社带头人培育，深入推进家庭农场经营者培养，建立农民合作社带头人人才库，鼓励农民工、高校毕业生、退役军人、科技人员、农村实用人才等创办领办家庭农场、农民合作社，鼓励有条件的地方支持农民合作社聘请农业经理人，鼓励家庭农场经营者、农民合作社带头人参加职称评审、技能等级认定。

二是加快培养农村二三产业发展人才。培育农村创业创新带头人，深入实施农村创业创新带头人培育行动，加快建设农村创业创新孵化实训基地，组建农村创业创新导师队伍，壮大新一代乡村企业家队伍。加强农村电商人才培育，开展电商专家下乡活动，加快建立农村电商人才培养载体及师资、标准、认证体系，开展线上线下相结合的多层次人才培训。培育乡村工匠，挖掘培养乡村手工业者、传统艺人，通过设立名师工作室、大师传习所等，传承发展传统技艺，支持鼓励传统技艺人才创办特色企业，带动发展乡村特色手工业。打造农民工劳务输出品牌，实施劳务输出品牌计划，通过完善行业标准、建设专家工作室、邀请专家授课、举办技能比赛等途径，普遍提升从业者职业技能，培育一批叫得响的农民工劳务输出品牌。

三是加快培养乡村公共服务人才。乡村教师方面，落实城乡统一的中小学教职工编制标准，加大乡村骨干教师培养力度，对长期在乡村学校任教的教师实行职称评审方面的特殊政策，落实好乡村教师生活补助政策。乡村卫生健康人才方面，明确人员编制、人才招聘、人才激励等方面政策，加强乡村基层卫生健康人才在岗培训和继续教育，逐步提高乡村医生收入待遇，鼓励免费定向培养一批源于本乡本土的大学生乡村医生。乡村文化旅游体育人才方面，推动文化旅游体育人才下乡服务，完善专业人才扶持政策。乡村规划建设人才方面，支持熟悉乡村规划建设的人才参与乡村规划建设，实施乡村本土建设人才培育工程。

四是加快培养乡村治理人才。加强乡镇党政人才队伍建设，选优配强乡镇领导班子特别是乡镇党委书记，实行乡镇编制专编专用，落实乡镇工作补贴和艰苦边远地区津贴政策以及艰苦边远地区乡镇公务员考录政策。推动村党组织带头人队伍整体优化提升，坚持和完善向重点乡村选派驻村第一书记和工作队制度，全面落实村党组织书记县级党委组织部门备案管理制度和村"两委"成员资格联审机制。实施"一村一名大学生"培育计划，进一步加强选调生工作，鼓励各地多渠道招录大学毕业生到村工作，扩大高校毕业生"三支一扶"计划招募规模。加强农村社会工作人才队伍建设，吸引社会工作人才提供专业服务，引导高校毕业生、退役军人、返乡入乡人员参与社区服务。加强农村经营管理人才队伍建设，充实农村经营管理队伍，确保事有人干、责有人负。加强农村法律人才队伍建设，推动公共法律服务力量下沉，加快培育"法律明白人"，培育农村学法用法示范户。

五是加快培养农业农村科技人才。培养农业农村高科技领军人才。要推进农业农村科研杰出人才培养，加快培育一批高科技领军人才和团队，加强优秀青年后备人才培养。培养农业农村科技创新人才。要依托各类创新平台发现人才、培育人才、凝聚人才，加强农业企业科技人才培养。培养农业农村科技推广人才。要全面实施农技推广服务特聘计划，实施基层农技人员素质提升工程，推广"科技小院"等培养模式。建设科技特派员队伍。要完善科技特派员工作机制，拓宽科技特派员来源渠道，完善优化科技特派员扶持激励政策。

117. 如何建强农村基层党组织？

基层党组织组织能力强不强，抓重大任务落实是试金石，也是磨刀石。推动农村基层党组织充分发挥政治功能和组织功能，把党员群众和各方面人才有效组织起来、凝聚起来，为脱贫攻坚、乡村振兴提供坚强组织保证。

一是扎实推进抓党建促乡村振兴。围绕巩固拓展脱贫攻坚成果同乡村振兴有效衔接，建立健全选派第一书记和驻村工作队、持续整顿软弱涣散村党组织、村"两委"成员资格县级联审等长效机制，扎实做好建强党组织、派强用好驻村第一书记、组织党员创办领办致富项目和结对帮扶、充实乡镇工作力量等工作，整乡推进、整县提升，推动乡村组织振兴。

二是不断提升党建引领乡村治理水平。创新和完善"行政村党组织—网格（村民小组）党支部（党小组）—党员联系户"的村党组织体系，推行网格化管理和服务。推动村党组织书记通过法定程序担任村民委员会主任和村级集体经济组织、合作经济组织负责人，加强村党组织对新乡贤的领导。健全村级民主管理监督机制，全面落实"四议两公开"，发挥村务监督委员会作用，加强村级事务民主协商，完善和落实村规民约。组织发动群众全面参与人居环境整治、移风易俗、扫黑除恶等乡村治理重点任务，破除陈规陋习，坚决同一切歪风邪气和违法犯罪行为作斗争，共建美好家园。

三是推动基层党组织和党员在应对重大突发事件、完成急难任务中冲在一线、担当作为。推动农村基层党组织和广大党员在疫情防控、防汛救灾等工作中，坚持守土有责、守土负责、守土尽责，组织党员群众筑牢坚强战斗堡垒，通过组建"党员突击队"、设立"党员责任区"、开展党员联系户等形式，引导党员冲锋在第一线、战斗在最前沿。推动第一书记和驻村工作队就地转化为防控队、战斗队，组织机关党员干部下沉基层一线，在危急关头危险时刻发挥尖兵作用。

118. 如何发挥基层党组织的战斗堡垒作用和党员先锋模范作用？

习近平总书记多次作出重要指示，办好农村的事情，实现乡村振兴，基层党组织必须坚强，党员队伍必须过硬。要紧紧围绕贯彻落实党中央决策部署，扎实推进抓党建促乡村振兴，着力推动农村基层党组织和党员在实现乡村产业振兴、人才振兴、文化振兴、生态振兴、组织振兴中当好组织者、推动者、先行者，在深入组织群众、宣传群众、凝集群众、服务群众中提升组织力、强化政治功能，在不断增强农民群众获得感幸福感安全感中提高威信、提升影响，使群众自觉听党话、感党恩、跟党走。

一是发展壮大农村集体经济。省（自治区、直辖市）一级要制定发展村级集体经济的规划，组织部门要会同有关部门积极推进，研究支持措施，加强督促指导。以县为单位，制定发展村级集体经济的实施方案，统筹整合资源力量，引导资金项目投向村级集体经济项目，带强村级造血功能。推动基层党组织把党员、群众和各方面力量组织起来，因地制宜发展壮大集体经济。同时，加强监督管理，确保集体收益合理公开分配，防止"微腐败"问题发生。

二是扎实推进党员队伍整体优化提升。办好农村的事，要靠好的带头人，靠一个好的基层党组织。要严格选人标准，坚持德才兼备，选择政治素质好、道德品行高、带富能力强、愿意为群众服务的优秀党员担任村党组织书记。拓宽选人视野，注意从大学生村官、复员退伍军人、村医村教中培养选拔，从外出务工经商人员、本土本乡走出去的大学毕业生中回引。把人选好后，还要强化教育培训、管理监督、激励保障，确保选得优、用得好、留得住。

三是大力培育文明乡风。推动基层党组织把农村精神文明建设抓在手上，以社会主义核心价值观为引领，弘扬优秀传统农耕文化，持续推进移风易俗，教育引导农民群众抵制各种陈规陋习，制止各种封建迷信活动，提高乡村社会文明程度，焕发乡村文明新气象。

发挥好村级组织活动场所的阵地功能，组织好各类群体性文化活动。推动农村基层党组织增强政治意识、阵地意识和斗争精神，发挥党员先锋模范作用，更加注重补齐群众"精神短板"，更加关心关爱老弱病残、留守妇女儿童、困难群众等群体。

四是持续推动农村人居环境整治提升。农村人居环境整治三年行动已经圆满收官，接下来将要开展五年提升行动。要推动村党组织广泛宣传动员，推动党员干部走进各家各户，做好思想工作。引导党员在完成治理生活垃圾、厕所粪污、生活污水，提升村容村貌等重点任务中发挥带头带动作用。组织群众人人出力、全面参与，引导村民讲卫生、除陋习，自觉养成健康文明的生活习惯。

五是着力提升乡村治理水平。要进一步理顺领导体制，加强村党组织对其他各类组织的领导，推动村党组织书记通过选举担任村委会主任，推动村党组织书记、党组织班子成员兼任或党员担任集体经济组织、农民合作组织负责人，提高村委会成员、村民代表中党员的比例。加强村党组织对服务群众资源的整合利用，上级提供给农村的公共服务和资金项目，应以村党组织为主渠道落实，好事让基层组织办，好人让基层干部做。

119. 如何发挥各类基层社会组织对乡村振兴的支持促进作用？

农村社会组织是由农村居民发起成立，在农村开展为民服务、公益慈善、邻里互助、文体娱乐和农村生产技术服务等活动的社会组织。培育发展各类农村社会组织，对加强乡村治理体系建设、打造共建共治共享的社会治理格局、促进乡村全面振兴具有重要作用。

一是加强专业服务能力。根据乡村建设情况，引导在文化、教育、农业等多方面培育农村社会组织。健全教育培训体系，创新培训方式。加强对农村社会组织专业人才培养力度，积极引进高校毕业生、优秀人才参与农村社会组织建设，在劳动保障、补贴等方面给予政策倾斜。持续壮大各类社会组织的志愿服务队伍，引导社会组织有序参与乡村治理体系建设，在巩固脱贫攻坚成果、就业创业、生产互助、卫生健康、文化体育、社会治安、纠纷调解、生活救助、减灾救灾、留守人员关爱等方面发挥作用。

二是营造良好发展环境。引导社会组织间加强合作交流，畅通信息沟通渠道，提高产品针对性和服务精准性。加强政府与社会组织联合协作，拓宽协商对话渠道，提升服务群众的能力和水平。以政府购买公共服务的方式，支持农村社会组织独立自主发展，给予符合条件的社会组织税费减免、优惠补助等政策，以多种途径、多种方式保障组织运转经费。加强宣传引导，增强农民群众自我管理、自我服务意识，激发参与农村社会组织建设和发展的积极性和主动性。加强对重点公益性社会组织的宣传，挖掘打造一批"金牌"组织，形成以点带面、上下合力的发展局面。

三是提高规范发展水平。加快推进关于农村社会组织的立法工作，对农村社会组织的性质、权利义务、审批流程、监管细则、不同类型的发展培育等问题作出具体规定，构建全面、多层次的农村社会组织法律体系。鼓励各地通过出台管理条例的方式规范社会组织的发展。大力弘扬法治精神，加强普法教育，将农村社会组织的发展纳入法治轨道，避免不规范发展带来的负面影响。构建社会组织监督系统，将组织、人事、财务公开化、透明化，自觉接受社会公众的监督。探索建立农村社会组织第三方评估机制，客观公正地开展评估工作，不断提升农村社会组织质量。不断完善农村社会组织的内部自治机制，增强农民的监督维权意识，借鉴自律管理的典型经验，不断实现行业内部互律。

120. 如何做好农村思想政治工作？

思想政治工作是我们党的优良传统和政治优势，是经济工作和其他一切工作的生命线。做好新时代农村思想政治工作，要顺应农村产业结构调整、人员结构变化、利益诉求多样的趋势，因事而化、因时而进、因势而新，不断增强时代感和吸引力，切实把农村干部群众的精神振奋起来、力量凝聚起来。

一是开展有针对性的形势政策教育。深入浅出地开展国情教育，帮助农村干部群众认识我国发展新的历史方位、社会主要矛盾的变化，树立正确的历史观、大局观、角色观。结合世界正经历百年未有之大变局，结合打赢脱贫攻坚战、全面建成小康社会，教育农村干部群众既要做好较长时间应对外部环境变化的思想准备和工作准备，也要进一步坚定迎难而上、共克时艰的信心。加强对社会热点问题的引导，重点围绕保障和改善民生，把党和政府的各项惠农政策措施讲明白，把对群众的利益安排讲透彻，把取得的实际成效讲充分，增进广大农民群众对党和政府的信任。

二是加强人文关怀和心理疏导。密切关注农村社会心态、社会情绪的演化变化，多做平衡心理、疏导情绪的工作，多做解疙瘩、化矛盾的工作，在广大农村营造温暖祥和的氛围，积极回应农民群众关切，把解决思想问题和实际问题结合起来，把面上教育引导和个别交流疏导结合起来，增强工作针对性实效性，以"润物细无声"的朴素话语，将心比心，小善常为，让工作直抵人心、更有温度，达到统一思想、凝聚人心、增进情感、激发动力的效果。

三是扎实推进民主法治宣传教育。大力宣传与农民群众生产生活密切相关的法律法规，引导农村干部群众自觉守法、遇事找法、解决问题靠法。加强对农村干部群众的法律知识培训，注重以案说法、以案释法，用一个个生动鲜活的案例，让百姓感受公平正义，提高运用法律手段管理基层事务、防范和处理矛盾纠纷的能力。推动自治、法治、德治相结合，引导农民依法表达利益诉求，依法参与村民自治和其他社会管理活动，提高他们参与民主选举、民主决策、民主管理、民主监督的能力，提高乡村治理水平。

｜后　记｜

　　实施乡村振兴战略，是以习近平同志为核心的党中央从党和国家事业全局出发，着眼于实现中华民族伟大复兴中国梦，顺应亿万农民对美好生活的向往作出的重大决策。为推动基层干部深入学习贯彻习近平总书记关于乡村振兴的重要论述和中央相关决策部署，激励干部担当作为、精准施策，更好地求真务实、开拓进取，推进乡村振兴，并配合开展农村基层干部乡村振兴主题培训，中央组织部会同农业农村部，组织力量从党的十八大以来有关乡村振兴政策法规中，精心梳理出120个广大基层干部在具体贯彻落实过程中迫切需要了解掌握的问题，汇编成册，供广大基层干部学习参考。

　　本书由中央组织部、农业农村部牵头，中央农办、国家乡村振兴局有关同志参与编选，全国干部培训教材编审指导委员会办公室审定。本书编写和修改主要工作人员有（按姓氏笔画排序）：王鸿萌、刘宇、刘旭凡、刘瑞明、闫保荣、孙善政、李辉、吴文博、吴晓佳、邱立疆、陆红、陈邦勋、苑荣、罗媛媛、郑锋茂、郝兵兵、高文永、曾珉、熊轲等。在编选过程中，中央组织部干部教育局负责组织协调工作，中国农业出版社、党建读物出版社等单位给予了大力支持。在此，谨对所有给予本书帮助支持的单位和同志表示衷心感谢。

编　者

2021 年 11 月

图书在版编目（CIP）数据

乡村振兴政策法规解读 ／ 全国干部培训教材编审指导委员会办公室组织编写. —北京：中国农业出版社：党建读物出版社，2022.10（2025.10重印）

ISBN 978-7-109-30025-5

Ⅰ．①乡… Ⅱ．①全… Ⅲ．①农村经济政策－中国－干部教育－学习参考资料②农业法－中国－干部教育－学习参考资料 Ⅳ．①F320②D922.44

中国版本图书馆CIP数据核字（2022）第169701号

乡村振兴政策法规解读

XIANGCUN ZHENXING ZHENGCE FAGUI JIEDU

全国干部培训教材编审指导委员会办公室　组织编写

中国农业出版社　党建读物出版社出版

地址：北京市朝阳区麦子店街18号楼

邮编：100125

责任编辑：闫保荣　何　羽　朱瑞婷

版式设计：刘　伟　责任校对：钱玲娣

印刷：北京中兴印刷有限公司

版次：2022年10月第1版

印次：2025年10月北京第19次印刷

发行：新华书店北京发行所

开本：710mm×1000mm　1/16

印张：15.25

字数：165千字

定价：28.00元